# 한밤중 단거리 선수

시와문화 시집 76
# 한밤중 단거리 선수

박몽구 시집

시와문화

■시인의 말

밤은 낮보다 단단하다.
잠든 도시를 뒤로 한 채
달리는 사람들
그 땀으로 밤은 단단해진다.

깨어 있는 사람들
어깨를 딛고
깨끗한 새벽이 열린다.

2025년 봄  박몽구

|차례|

■시인의 말

# 1부 길모퉁이 빵집

길모퉁이 빵집 _ 12
파도리 횟집 _ 13
무명가수전 _ 14
당인리를 지나며 _ 16
우면산 꽃동네 _ 18
자동문 앞에서 _ 20
빵 만드는 여자 _ 22
공갈빵 _ 24
젠트리피케이션 _ 26
무위사 홍매 _ 28
무인 원룸텔 _ 29
김중업, 서산부인과 뒷골목 _ 32
한밤중 단거리 선수 _ 35

## 2부 부치지 못한 편지

바닥 _ 40
꼬박 밤이 새도록 _ 42
부치지 못한 편지 _ 44
블루 노트 _ 46
6BQ5를 들으며 _ 49
빙의 _ 50
무임승차 _ 52
대방동, 가려줄 손 없는 _ 55
우다방 _ 58
6V6 진공관 앰프 _ 61
삼춘식당 _ 62
다시 피켓을 들며 _ 64
소금꽃 _ 66
틈 _ 68

## 3부 리모컨을 쥔

원상 복구 _ 72
쿠팡 로켓프레시, 한밤중 달리기 _ 74
리모컨을 쥔 _ 76
뒤로 달린 눈 _ 78
찬비 긋는 트렁크 _ 80
그림 값 _ 83
에어팟 블루투스 헤드셋 _ 84
주상절리 _ 86
컵밥 _ 88
당근을 고르며 _ 90
자작나무 옹이 _ 92
희자네 칼국수 _ 94
책 곰팡이 _ 96
보길도 몽돌 _ 98
35년-채광석 형을 그리며 _ 100
당근, 별이 빛나는 밤 _ 103

## 4부 총각네 야채 가게

총각네 야채 가게 _ 108
반지하 창을 가린 _ 111
빽빽한 서랍 _ 114
기계들의 밤 _ 116
베이커리 뒷골목 _ 118
길 깁는 날 _ 120
이중섭의 은박지화 _ 122
윤여정 AI _ 124
은박지 담요 _ 126
행진 _ 129
키오스크 _ 130
절대 신뢰 _ 132
죽도록 즐기기 _ 133
손 흔드는 마네킹 _ 136
구직 외출 _ 139
피카디리 극장전 _ 140
전지 _ 142

1부
길모퉁이 빵집

## 길모퉁이 빵집

늦은 밤 흐린 전철역 불빛 돕는 건
길모퉁이 빵집 외등뿐이다
진종일 손님들 맞고 남은
옥수수식빵, 낮달 닮은 크루아상들을
가격표 뗀 채 내놓았다
필요한 사람 누구나 가져가
출출한 밤 든든하게 넘기라고…
양털 솜보다 더 부드러운 빵 냄새
체온이 내려간 사람들에게 다가가
늦은 가을밤을 덥힌다
조금씩만 마음을 열면
건빵 같은 세상 다시 살맛 난다고
그리운 얼굴들을 기다린다
헝클어진 마음들 따스하게 빗겨준다

## 파도리 횟집

수평선 따뜻하게 펼친 저녁놀
손에 닿을 듯 보이는 횟집에서
이른 저녁상을 받는다
구불구불 파도 닮은 칼국수 따라
술기운처럼 번지는 바다 내음
지친 어깨를 술술 풀어준다
젓가락으로 국숫가락 풀어헤치자
다가오는 고깃배 한 척
출렁거리는 고물에 실려
갈꽃 수런거리는 죽도쯤은
금방 닿을 듯하다
비좁게 늘어선 빌딩 숲에 끼여
훅 뜨겁게 끼치는 도시 내음
황혼 가르는 돛배에 실려
깨끗하게 타는 저녁놀 속으로
꼴깍 사라지고 말리라

## 무명가수전

아이피티브이 채널을 이리저리 돌리다
가슴을 찢은 듯 한껏 볼륨을 올린 열창에
리모컨을 누르던 손가락이 저절로 멈춘다
jtbc의 싱어게인 투 경연 프로다
수십 년 전 귀에 익었던 노래를
그때 그 가수가 열창하고 있다
신인가수 발굴 콩쿨인 줄 알았더니
신인과 기성을 가리지 않고
숨어 있던 가수들이 경연을 벌인단다
개중에는 한때 화려하게 데뷔하여
인기차트 상위권에 오르기도 했지만
방송 출연 기회가 줄어들면서
망각의 강에서 헤어 나오지 못한 채
노래를 버리고 옷장사를 한 사람도 보인다
택배차를 몰고 밤을 낮으로 살면서도
남몰래 노래를 흥얼거리며
무대에 오를 기회만 노리던 친구도 있다
심지어 노래하다가 안정된 일자리를 잃고
쓰리잡 알바로 청춘을 짓이기면서도
마이크를 놓지 않고 살아온 중년도 보인다

싱어게인 시즌 투에 나오는 무명가수들은
노래를 부르다 말고 목이 메이고
주룩주룩 눈물샘이 넘쳐 흐른다
저들은 단순히 경쟁을 뚫고
삶을 단번에 바꿔줄 상금을 거머쥐기 위해
무대에 선 것이 아니라
잃어버린 삶의 좌표를 되찾고 싶을 뿐이다
수십 년 전 자신의 히트곡
아빠와 크레파스를 부르는 가수의 얼굴에는
감출 수 없는 주름이 새겨져 있지만
그녀는 부끄러움 없이 목주름을 드러낸 채
온몸으로 노래를 부른다
이겨서 다음 라운드에 진출하는 데
목표를 고정하지 않고
시간을 되돌려 잃어버린 청춘을 찾고 싶을 뿐이다
인기를 무기로 거친 손 휘두르는 자본에 떠밀려
어느 날 사라진 무대를 찾기 위하여
남몰래 흘린 눈물
캄캄한 벽을 넘어 지킨 시간
문득 남의 이야기가 아닌 것 같아
벌써 두 시간째 채널을 고정하고 있다
빼앗긴 나의 무대는 어디에 있을까
무명가수들 뒤로 서둘러 사라지는 자리
흐려진 눈으로 연방 훑고 있다

## 당인리를 지나며

데일 듯 불볕더위 따가운 9월 오후
불 꺼진 당인리 화력발전소 앞을 지나며
땀 식히려 차창을 열자
당인리 문화창작 발전소 입주자 모집 플래카드
더운 바람을 훅 끼친다
발전기가 멈춘 지 꽤 되었는데도
발전소 굴뚝 아래는 여전히 숨이 막힌다

세상 참 많이 변했구나
발전기 뜯어낸 노른자위
고층 아파트 숲 지어서 팔면
몰래 나눠 쓰고도 남을 눈먼 돈
뭉텅 떨어질 텐데
문화창작 발전소로 간판만 바꿔 달다니…

무표정한 건물들 그대로 둔 채
가난한 예술가들에게 찬비 그을 방 거저 내주고
따뜻한 빵을 준다는 건 얼마나 고마운 일인가
펄펄 끓는 수증기 터빈을 돌리던 자리에
내 작은 노트북을 놓을 자리가 생기다니…

휑한 공간을 두리번거린다
석탄을 나르는 검은 벨트에 감긴
청년을 제치고 무임승차를 서두르는 게 부끄러워
얼른 불 꺼진 발전소에서 발을 뗀다

노트북 놓기에는 너무 휑한 자리 너머
가난한 예술가들의 시를 싣고
길고 추운 밤을 함께 해줄
나라 살림 통째로 잘려나간 빈칸을 본다
공정한 잣대도 없이 빨간 딱지를 붙여
괄호로 묶인 블랙 리스트를 본다
분명히 차표를 끊고 윤석열차를 탔는데도
무임승차했다며 철거된 만화를 본다
죽음과 맞바꾼 고흐의 해바라기를 본다

거푸집만 거대해서 썰렁한 바람 불어
피 돌기가 멈춘 문화창작 발전소
떠들썩한 공연장 저 너머
만져지지 않는 그늘에 숨어
가난한 시를 쓰는 사람을 본다
발전기 멈춘 뒤에도 굴뚝을 삼킨 미세먼지
서울 하늘을 검게 칠하고 있다

## 우면산 꽃동네

기린 목보다 긴 밭 앞에서도
게으름 모른 채 쟁기를 끌던
누렁소를 닮았나
누에를 키우고 배밭 널찍하게 펼쳐진 강남땅
하루아침에 금밭으로 바뀌는 와중에도
여전히 난을 키우고, 백합, 국화를 기르는
화훼 단지로 남았던 우면동

6·25전쟁 때에는 탱크와 호주기로 무장한 연합군
서울 탈환을 노리며
무차별 공격을 퍼부을 때도
우면산 깊은 골짜기에 숨은 인민군이
소련제 AK소총과 지뢰 몇 발로 견디던 동네

끝 보이지 않는 배밭, 뽕나무밭
시멘트벽 쑥쑥 올리며
서로 차갑게 등돌리는 가운데서도
서울에 마지막 남은 사람 냄새를 찾아
저절로 구두코 향하던 우면산 꽃동네

서울에 더 이상 아파트를 지을 자리 없다며
그린벨트를 헐겁게 풀기 시작하더니
아파트 숲이 쑥쑥 들어서기 시작했다
난이며 백합을 기르기는 뒷전
비닐하우스 안에
키 작은 집을 지어 손쉽게 돈벌이하던
외지인들이 버젓이 지주 행세를 시작했다

땀 흘리며 꽃을 가꿔
서울 새벽 시장에 꽃향기를 배달하던
소작농들 다시 변방으로 밀려나
박토에 새 꽃씨 뿌리기마저 힘겨워졌다
결코 남태령 넘어가는 일 없을 거라며
우면산 비탈 아래 삼간집 짓고
난을 치던 추사 김정희의 과지초당
머쓱하게 자란 아파트 키에 가려
뒷모습도 보이지 않게 되었다

몇 푼의 보상금에 떠밀려
일생 동안 땅만 갈던 누렁소 있던 자리
쌍터널이 뚫리며
사람 냄새만이 아파트 벽에 가려
슬그머니 자취도 없이 사라졌다

## 자동문 앞에서


더 이상 이름 석 자는 설 자리가 없다
암호를 입력하세요
틀렸습니다 암호를 다시 눌러주세요
AI 여자의 냉정한 말 흘려들으며
출판사가 있는 오피스텔로 들어가려다
번번이 보이지 않는 손에 막혀
발을 동동 구른 적이
한두 번이 아니다

낯선 네 자리의 암호가
묶인 발을 풀기도 하고
자칫 숫자 하나를 까먹기라도 하면
보이지 않는 야차가 달려들어
나를 눈보라 치는 밖으로
쓸모없는 물건이라도 된 듯
몰인정하게 내던진다

한밤중 뜨끈뜨끈한 야식을 든
배달 라이더가 허겁지겁 달려와
암구호를 내고 난 뒤에야

스르르 열린 문
뒤따라 들어가면서
나는 이 거대한 도시의 부속품이구나
잘 맞춰가야지
가슴을 쓸어내린 적이 한두 번이 아니다

틀렸습니다
암호를 다시 눌러 주세요!

무인 택배함 앞에서
다시 까먹은 암호를 기억해내다가
돌아오지 않는 망각의 강 앞에서
한참을 헤맨다

내가 아닌 나를 뚫어지게 바라보며
모호한 숫자를 다시 누른다

## 빵 만드는 여자

전철역 계단을 막 내려서자마자
와락 달려드는 여자가 있다

우리 가게 사장님이 바뀌었어요
새 단장 오픈
모든 빵 20% 할인해 드립니다!

따스함이 잔뜩 밴 빵을 든
광고판 속 여자
단팥빵 같은 미소로 맞아준다

빵 냄새에 홀린 듯
새로 단장한 가게로 들어서려 하다가
문득 유리창 가득 입힌 사진 앞에서 멈춘다
먹음직스럽게 부푼 빵 반죽을 주무르고 있는
제빵사의 팔에서 눈을 돌리기 어려워서다
얼마나 오랫동안 주물렀을까
여자 제빵사의 팔에 하얗게 눌어붙은 밀가루가
땀과 버물려 검푸른 멍으로 변해 있다

그렇게 야근을 밥 먹듯 하며
이른 아침 개점 시간에 맞춰도
생계비 못 미치는 임금에
언제 밀려날지 모르는 고용 불안으로
불면의 밤을 보낸다는 소식
신문 한구석에 차게 접혀 있다

2년도 못 되어
실내 디자인을 바꾸라는 말에
프랜차이즈 가게 주인은 떠나고
새 주인이 20퍼센트나 할인해 준다는 말에
덥석 식빵이라도 집어들까 하다가
까맣게 변한 제빵사의 팔 앞에서 멈춘다
빵 나올 시간이 임박했는지
프랑스 제과점 일대가 달다
단맛에 끌려 가게 문을 밀려다가
멈칫 발걸음을 뒤로 돌린다

## 공갈빵


몸집을 마음껏 부풀린 빵
배고픈 사람들 누구나 오라는 듯
달달한 분가루 훌훌 뿌려댄다
권투선수 맨주먹만 한 몸피로
좌판에 벌렁 드러누운 채
부두에서 무거운 짐을 내리느라 지친 사람들
진종일 매만지던 서류 뭉치 들고 뛰느라
종아리 퉁퉁 부은 출판사 편집사원들
딱 붙은 배와 등 따뜻하게 채워줄 수 있다는 듯
하나만 넣어도 빵 봉지에 가득 찬다
출출한 속 채워주리라 기대하며
한 입 덥석 깨물면
부드러운 빵의 살결 만져지지 않고
더워진 공기 한 줌 와락 달려들어
피할 도리 없이
졸지에 맞부딪친 치아들만 얼얼하다
커져라 커져라
뜨겁게 입김 불수록
거대한 피라미드 허물어지듯
부푼 몸피 온데간데없이

부스러기만 남는다
허기쯤은 너끈하게 메울 수 있다고
귓불 뜨겁게 불어댈수록
차가워지는 밤공기 훅 끼친다

달콤한 맛의 약속 허물어지면서
등과 배꼽 사이 더욱 좁혀진다

## 젠트리피케이션

가볍게 된장찌개나 라면 정식으로 점심을 때우고
가까운 커피숍 문을 밀고 들어갔다가
화들짝 놀랄 때가 한두 번이 아니다
점심값보다 비싼 아메리카노 커피 가격을 보며
슬그머니 문을 밀고 나가려다
테이크 아웃 시 2,000원 할인!
굵은 글씨로 쓴 문구를 발견하고
마음을 돌려줄 커피 한 잔 받아든다

밖으로 나오자 휙 몰아치는 꽃샘바람이
모래 먼지를 흐북히 끼얹는다
잠깐 앉아서 커피를 홀짝일 만한 공간
길을 한 잎 베어 물고 선
가게 입간판들에게 빼앗기고
아파트 앞 손바닥만 한 공터
터줏대감 비둘기들의 놀이터임을 말해주듯
벤치 위에 분비물들을 묻혀 놓아
엉덩이를 들이밀 자리조차 마땅치 않다

이래서 토박이들이 갈수록 설 자리를 잃는구나

남의 일 같지 않아
커피잔을 든 채 사무실로 돌아간다

가겟세가 천정부지로 치솟으면서
탁자 몇 개 그나마 갖춘 가게들에는
새로 퇴직금을 쏟아부은 사람들이 입주하고
보증금마저 까먹은 원래 세입자들은
앉을 자리 보기 좋게 사라진
테이크 아웃 커피숍으로 떠밀려
간판을 조그맣게 바꿔 단다

서울에서 내 집을 마련하지 못한 사람들
살림을 다 버린 채 원룸텔에도 들어가고
그나마 형편이 안 되는 사람들
도미노 블럭이 떠밀려 쓰러지듯
멀리 시계 밖으로
낡은 살림을 실은 채 떠밀려 간다

커피 한 잔 테이크 아웃으로 사들고
마실 데 없어
사무실로 돌아오는 길
내 의자를 누군가 몰래 빼고 있지 않을까
바쁘게 깜박거리는 신호등 뒤로 한 채
서둘러 건널목을 달려간다

# 무위사 홍매

꽃샘바람 매운 손찌검 탓인가
4월 들어서도 다들 숨죽이고 있는데
무위사 홍매화만 홀로 뜨거워진다

월출산을 가파르게 넘어오는 된바람
얼음의 도가니에서 꺼낸 듯 쌀쌀해도
발그레 술기운 담은 꽃잎들
홀연한 향기로 영산포로 가는 길 연다

겨울의 긴 터널 헤쳐온 사람
해토머리 딛도록 지치지 말라고
가볍게 등을 민다
봄은 이웃들 다 깨어날 때까지
기다리는 게 아니라
저를 먼저 던져야 맞을 수 있다며
보거나 말거나 홀로 뜨거워진다
활활 타는 꽃등 들어올려
스무 고개 바윗길 너머
맑은 향기 한 올 건넨다

## 무인 원룸텔

점자 블럭을 조심스럽게 더듬거리듯
넓은 벽 아무리 훑어도 문이라곤 보이지 않는다
내부를 조금도 드러내지 않는 유리벽
어깨에 어깨를 딛고 천장까지 올라가 있을 뿐
인기척이라곤 보이지 않는다
단지 휑하게 뚫린 필로티 한쪽에 붙어 있는
우편함만이 혀를 빼물고 있을 뿐
한쪽에 벽인 듯 붙어 있는 숫자판을 누르자
카메라가 여자의 얼굴 윤곽을 읽었는지
소리 없이 유리벽이 갈라진다

타인의 따가운 시선 느끼지 않아도 돼
갈라진 벽으로 들어선 여자에게
엘리베이터 문이 기다렸다는 듯 열린다
33층으로 올라가 줘
스크린 속 아바타에서 말하자
고양이 뒤꿈치 소리도 내지 않고
담벼락을 올라가듯
엘리베이터는 허공을 밀며 쓰윽 올라간다

여자가 따뜻한 샤워로 하루의 피로를 씻어내자
띵동! 퀵프레쉬 택배가 도착했어요
스마트폰 속 택배 알리미가 알려준다
파릇한 귀가 살아있는 채소,
은비늘 싱싱한 갈치와 양념이 뿌려진
찌갯거리가 문밖에서 기다린다
전자레인지로 뜨겁게 덥힌 햇반과
레드 와인 한 잔을 곁들이면
훌륭한 저녁 식탁이 금방 멋지게 차려진다

다시 딩동 딩동
남친의 처진 어깨가 엘이디 모니터에 비친다
오늘 하루도 힘들었지?
문을 밀고 들어오는 그를 와락 껴안는다
플라스틱 그릇에 담긴
김 모락모락 나는 밥과
제주 바다의 활력이 고스란히 담긴
찌개로 지친 남자의 어깨를 올려준다

그렇게 따스하게 허기를 때운 다음
남은 배터리 소진되기 전에
마지막 메뉴로 가벼운 섹스를 나눈다
남은 1회용 팬티와 휴지는
햇반 그릇에 담아 함께 버리면 그만이다

또 내일 반갑게 만나
남친의 넓어진 어깨가 엘이디 모니터 속
소실점으로 사라지면서
여자의 시계는 다시 굴러간다
여자는 미뤄둔 너튜브 동영상을 찾아
스마트폰을 켜켜이 뒤적인다
오로라 이글거리는 북극이라도 된 듯
여자는 밤을 잊은 채
오징어 게임 속으로 빠져든다

## 김중업, 서산부인과 뒷골목

황금사자기 고교 야구대회가 열릴 때마다
열띤 함성으로 들썩거리던 동대문운동장
먼 기억 속으로 사라지고
백상아리 같은 동대문 디자인 플라자가 눌러앉았다
미싱 바늘에 청춘이 찍히던
평화시장도 꿀꺽 삼키고
야구공 하나 온몸을 실어 날리면
밥도 나오고 대학 문도 열리는 희망 사라졌다

함성 사라진 옛 야구장 뒤편
좀처럼 눈에 띄지 않는
광희문으로 통하는 지하철 3번 출구 나오자
남성의 상징처럼 우뚝 선 5층 건물을
가슴이 큰 여자 푸근하게 감싼
서산부인과 낡은 벽 해쓱해진 얼굴로 맞는다

한 아이가 세상의 빛을 만나기 위해
눈 감은 채 헤집고 나오는 긴 산도일까
계단 없이 둘둘 말린 복도
한쪽 외벽에 걸쳐져

지붕까지 올라가고 있다

달항아리 따스한 저녁 빛을 담은
복도를 따라 김중업이 걸어 내려오며
집은 단번에 몇 배씩 오르는 투기
남이 누울 자리라곤 생각지 않고
제자리만 널찍하게 편 아방궁이 아니라
춥고 지친 사람들
따스하게 감싸는 어머니라고 귀띔해 준다

둘만 낳아도 삼천리는 만원이다
방송마다 외치던 시대 저문 지 오래
아기 울음소리 그친
서산부인과도 문을 닫고
테이크아웃 커피잔 든 젊은 친구들
하마의 아가리인 줄도 모른 채
디자인 플라자 안으로 몰려간다
병원 대신 들어선 화랑도 문을 닫은 자리
새로 들어선 통닭집이
퇴근길 늦은 사람들 입맛 돋우고 있다

피아노 빛 저녁놀 등에 진 채
돈보다 귀한 것이 아직 남아 있다고
거대한 하마 아가리가 채 삼켜버리지 못한

구불구불한 골목길 걸으며
김중업이 따스한 눈빛을 건네온다


*김중업(1922~1988) : 삼일빌딩의 설계자로 널리 알려진 건축가로, 기능에 충실한 건물이 아니라 아름답고 감동적인 작품을 지향했다.

## 한밤중 단거리 선수


밤 9시 시보가 울리자마자
흘러나오는 땡윤 뉴스
단 7초 만에 체결된 도이치모터스 통정매매로
한 사람이 평생 만져보기 어려운
수십억 원을 단번에 거머쥔 여자
떨어질지 모르는 체포 영장을 피해
오빠랑 함께 동남아로 튀었단다

외눈박이일까 제 가족만 감싸는 몰염치
더 이상 두고 볼 수 없어
혈당 피크 누그러뜨릴 겸
아파트 뒷산을 오르는데
한밤중인데도 아파트 앞마당을
단거리 선수처럼 바삐 뛰는 사람이 보인다
그 모습이 믿기지 않아
산행 잠시 늦추고 다가가 보니
경비초소 앞에 산더미 되어 쌓인
배달 물품들을 양손에 든 채
젊은 여자가 초소와 엘리베이터 사이를
잠시도 멈추지 않은 채 뛰어다니고 있다

수은등에 드러난 희끄무레한 물체들의 산
로켓프레시 가방이며, 신선 채소, 청수 물냉면
헝클어진 머리 가지런히 해주는 올림머리집게핀…
곧 무너질 듯 주상절리 이루고 있다
그 벽을 조금씩 허물며
소매를 걷어붙인 젊은 여자가
10월의 쌀쌀한 밤공기와
싸우고 있다

출근 시간에 대어 분초를 다투는 새벽
문을 열면 기다리고 있는
물만 부어서 끓이면 되는 찌갯거리며
찬 이슬 뚝뚝 떨어지는 신선야채
모자라는 새벽잠 더 이루라고
어깨를 감싸던 기억 따스한데…

이렇듯 한밤중에 단거리 경주하듯
냅다 달리는 청년 덕분이었구나
가슴이 망치로 친 듯 뭉클하다

단타 통정매매 한번에
수십억 원을 거머쥔 채 미소 짓는 여자 위에
며칠이고 밤샘하며 로켓프레시 상자

동트기 전에 문 앞까지 배달하다가
끝내 심장이 멈춘 청년의 마른 얼굴이 겹쳐
지워지지 않는다

땡윤 뉴스가 끝나 있기 바라며
손전등 하나에 의지하여 뒷산 정상을 밟은 다음
다시 내려오는 길
자정이 가까워져 가는데도
여자가 물건들의 산 다 허물지 못한 채
희미한 수은등 아래
달리기를 멈추지 않고 있다

선거철도 한참 지난 마당에
사거리에 힘겹게 걸린 플래카드
눈시울에 시리게 밟힌다

죽음으로 내모는 새벽 배송
쿠팡은 당장 중지하고 생명을 보장하라
내일 새벽 문밖에 기다리는
로켓프레시 가방을
열 수 없을 것 같다

## 제2부
## 부치지 못한 편지

# 바닥

질금거리던 가을장마 겨우 그쳐
질척거렸던 길 마른 날
진흙투성이 운동화를 빤다
바람 잘 통하는 창가에
물 잘 빠지라고 엎어 놓고
이제 퀴퀴한 냄새는 사라졌나 했더니
엎어놓은 운동화 바닥
군데군데 닳아서 구멍 난 곳들이 보인다
돌멩이 박인 길
움푹 패인 아스팔트 길들
그렇게 누비고 다녔는데도
발바닥에 군살 박이지 않은 채
물랑물렁한 건
운동화 바닥이 온몸으로 견뎌준 덕분이었군
비로소 알 것 같다
제 몸이 망가지면서도
비명 한번 지르지 않고
꾹 참아온 바닥이 있었기에
아스팔트를 아무리 두텁고 길게 깔아도
나의 길은 두렵지 않게 이어질 수 있었다

서리가 내린 지 한참 지나서도
돌아서지 않는 아버지를 찾아
영산강 상류 자갈 채취장에 간 적이 있다
아버지는 바싹 마른 강바닥을
삽으로 파헤쳐 자갈을 모으고 있었다
바싹 마른 강바닥을 깊이 팔수록
온몸을 둥글게 만 자갈들이 튀어 나왔다
거센 물살에 떠밀리느라 반질반질해진 돌 모서리가
땀으로 단단해진 아버지의 어깨 같았다
하늘을 찌르는 아파트 숲
아버지의 망가진 어깨를 딛고 선 모습이
눈시울에 아프게 밟힌다

곳곳이 닳아지고 돌부리를 견디느라 패여
실밥이 드러난 운동화 바닥을 본다
바닥이 어깨를 곧게 편 채
참고 있는 눈물을 딛고 서 있는
뒤집힌 세상
비로소 훤히 드러난다

## 꼬박 밤이 새도록

더 이상 불면의 밤을
소모하지 않아도 된다
영시 뉴스 클로징 멘트가 끝나면
머릿속 여전히 말똥말똥한데
이불을 끌어당겨 잠의 사원에 들던 것도 옛말
스마트 티뷔를 너튜브 채널로 바꾸자
오밤중 뉴스 진행자 말 카랑카랑 쏟아진다
한가위 연휴를 꼬박 즐긴 다음에
샐러리맨들 종소리 울리며 출근길 서두르는 아침
다시 체코행 비행기를 탄
용산댁 소식에 그나마 잠기운이 달아난다

옆 채널로 돌리자
파미르고원 고산지대를 차비도 없이
히치하이크하느라 모래바람을 막고 선 여자
해맑은 얼굴이 해쓱해져 있다
퀴퀴한 책 곰팡이 버리고
덩달아 파미르 솜 같은 빵을 뜯고 싶다

다시 옆 채널로 옮기자

가까스로 밤늦게 리스본에 내린 친구
여자 다섯 명이 투숙한 호스텔 방에 들어가
홀로 끼어 자는 무용담
눈을 크게 뜨게 한다

채널을 이리저리 옮기다
세 여자를 남겨둔 채 북한으로 간 백석
차마 김일성 찬가 몇 줄 쓰지 못한 채
함경도 오지로 쫓겨 가
집단농장에서 흙을 파다가 늙은 모습
남의 일 같지 않아 눈물이 핑 돈다

때로는 분노로 주먹을 쥐게 하다가
때로는 설레는 가슴으로 오지에서 여자를 기다리는
시인의 슬픈 운명에 함께 울다가
꼬박 새우느라 금 가버린 가을 밤
바사삭 깨진 유리가 되어 쏟아진다
낮을 밤으로 바꾸며
깨진 유리 속 너튜브 숏컷들이 번들거린다

## 부치지 못한 편지


추사가 걸어간 좁은 길 따라
제주도 남쪽 끝 유배지까지 왔다
발 디딜 땅 없는 이어도 떠나
찾아오는 파도 질긴 울음뿐
빼꼼한 구멍 하나 내놓지 않은 채
빙 둘러쳐진 가시울타리 앞에서
가슴 한쪽 비수 꽂힌 듯 저릿하다
팔뼈 얼어드는 한파 견디며
밤새워 부치지 못할 편지를 쓰는
추사의 유배지 초가 앞
누가 심은 것일까
등 곧게 세운 수선화 몇 송이
멀리 비치는 황등 켜들고 있다
3월 들어 더욱 쌀쌀해진 꽃샘바람
벼랑 끝처럼 가시를 벼리지만
제아무리 높은 벽도
가릴 수 없는 게 있다는 듯
가시울타리 훌쩍 넘어
술기운 끼치듯 맑은 향기 한 올 건넨다
뜨거운 봄소식 받아들고도

누구 하나 발설하지 않는 3월
홑옷으로 꼬박 밤 밝히면서 쓴 편지
먼 바다 훌쩍 넘어 나른다
가파른 주상절리를 딛고 올라오는
이어도 파도 지치지 말라고
따뜻한 손을 내민다

## 블루 노트


예측은 보기 좋게 빗나가기 위해 있다
이대 후문 건너 소극장 필름 포럼에 들러
재즈 다큐 영화 블루 노트 레코드를 본다
신나게 당기는 재즈를 그리며 입장했지만
낡은 필름이 돌아가는 90분 내내
열세 살의 소년이 지하 수십 미터 탄광에서
검은 석탄을 굽은 등으로 캐면서
밤으로 드럼을 치는 모습이 겹친다
한 장의 참정권을 얻기 위해
흑인 영가를 부르며 행진하는 모습
필름을 훌훌 벗어나 눈에 밟힌다
건반을 누르는 허비 행콕의 검고 마른 손가락
재즈는 뼈를 부수는 노동이라고
묵묵히 말해 준다
확정된 악보라고는 한 장도 없이
재주 넘어 새로운 세계를 함께 만들어가는
검은 피부의 친구들 피붙이처럼 살갑게 다가온다

허허벌판에서 겨우 재즈 가수 하나 만들어 놓으면
잽싸게 메이저 음반사들이 채가고

구멍가게로 전락하고 마는 블루 노트 레코드
무대를 잃은 뒤 난장의 버스킹에서만 흘러나오는
질기고 슬픈 재즈
결코 돈으로 살 수 없는 영토는
화려한 불빛 너머에 있다고
뜨거운 입술을 귀에 댄다

개울 바닥을 기어다니던 청개구리
버들가지 높은 가지 위로 발돋움하듯
빈민가 난장에서 버스킹하던 재즈 뮤지션들
유명 레코드에 스카웃되어 취입하자마자
날개 돋친 듯 팔리면
올챙이 시절 잊고 영혼 없는 소리를 낸다

판에서 벗어나야 해
꼭 짜인 틀을 버려야 해
가슴 바닥을 긁던 버스킹 연주자들의 외마디
경찰에게 멱살을 잡혀 끌려가면서도
음악은 화려한 레코드 재킷
뭉칫돈 들인 장비로 화려한 음색을 연출하는
기계가 아니라고 외치는 여원 등
남의 일 같지 않아
어두워지는 귀를 모은다

겨울바람 몰아치는 거리에서
블루 노트를 온몸으로 옮기는
거리의 악사에게서 눈을 떼지 못한다
얼음 알갱이들 촘촘히 안은 노을
뜨겁게 타고 있다

# 6BQ5를 들으며

내 나이보다 더 오랜 시간을 견딘
6BQ5 진공관으로 바흐를 듣는다
첩첩한 산을 바라보듯
마음이 넉넉해진다

파르티타 한 도막 들려주기 위해
진공관은 온몸이 빨갛게 타들어가는 것도 참으며
꼬박 온 밤을 견딘다
티 없이 맑은 소리를 만드는 것은
소신공양이라고
침묵 속에 밀어 넣으며
참나무 장작이 저를 태워
곱게 탄 숯을 이루듯
끓는 도가니에 저를 던진다

*6BQ5 : 네덜란드 필립스가 1953년에 개발한 오디오 전용관으로 맑은 고음과 함께 풍부한 저음을 내준다.

# 빙의

모깃소리밖에 못 내는 타성
벗어날 수 없을 때
누군가 내주는 큰소리의 그늘에 숨는다
누군가 초점이 흐린 과녁 위에
한 사람을 세워 놓고 날리는 화살에
작은 주먹질이며 목젖 아래 꾹꾹 눌러둔
비난의 말들 함께 실어서 날릴 때
막혔던 속이 터널을 관통하듯 뚫린다

영문도 모른 채 끌려 나와
씻을 수 없이 깊게
난자당하는 저 사람
하고 싶은 말을 참고 있는지
아니면 한낱 제물일 뿐인지
돌아보지 않는 큰소리에
맷집 좋은 욕설도 한 바가지 싣는다

보이지 않는 손이 만들어 놓은 틀
벗어나서 걸으면 이단이 되고
미리 만들어 놓은 항목 밖

또 다른 항목이 필요하다고
아테네로 가는 길은 한 가닥만이 아니라
여러 가닥이 있다고 반대했다가

그 길을 가보지도 않은 사람들에게 멱살 잡혀
어디에서나 훤히 보이는 과녁을 향해
빙의된 것도 모른 채
속마음도 헤아리지 않은 채
날아가는 돌 살의를 띤 구호들
한 사람의 생애를 갈기갈기 찢는 걸 넘어
깨끗한 새벽이 피투성이 검붉은 어둠에 눌려
떠오르지 못하는 걸 모른다

갈대 끝에 맺혀 있는 핏빛 언어를 외면한 채
남의 목소리 빌린 빙의
가눌 수 없이 몸집 불리는 봄날
봄은 어디에도 없다

## 무임승차

죽음보다 깊은 잠마저 깨뜨리는
까똑까똑 기계음
잠을 개키고 폰 열 때까지
파란 눈을 연방 껌벅거린다

무엇을 거머쥘 생각 없이
절벽 위에 선 집을 지키는 누이를
일 년 내내 흔드는 몇 사람이 있습니다
날카로운 저들의 이빨로부터
빅시스터의 낡은 가죽의자를 지켜주십시오

사인북에 이름을 적어도 될까요?

작고 여린 사람이 앉은 의자를
물어뜯는 걸 모른 체해서는 안 된다는 생각에
화들짝 잠귀를 빼앗긴 채
다 읽지도 않고
이름 석 자를 슬쩍 올린다

여리고 힘없는 빅시스터라지만

뒤에 숨은 보이지 않는 손
투표도 없이 가죽의자에 앉을 사람
한번도 거르지 않고 내려보낸다
달마다 꼬박꼬박 세금을 걷어가면서
납세자들에게 어떤 판을 만들겠다고
약속 한번 한 적이 없다
방점이 딱 찍힌 차림표 속 메뉴 말고는
다른 메뉴가 필요하다고 말해도
귓등으로 흘려듣는다

빅브라더가 보이지 않게 흔드는 판은
더 이상 벌어져서는 안 된다고
누구도 손 내밀어 주지 않는
이태원 억울한 혼들이
이 봄 가기 전에
따뜻한 집으로 돌아갈 수 있도록
진혼가를 울려야 한다고 외쳤지만
메뉴에 없다는 이유로 묵살했다

그런 살풍경을 한번도 보지 않은 사람들
심지어 운명을 결정하는 아고라에
한번도 모습 드러나지 않은 사람들
불티나는 빅시스터의 출간 목록과
보이지 않는 손이 내놓은 차림표는 다르다고

아무리 큰소리로 말해도
들리지 않는다

짐짝 같은 몸 슬쩍 검표도 없이 실은
만원 전철이 긴 터널 속으로
빨려 들어간다
누군가 입맛도 묻지 않고 차려놓은 밥상에
숟가락 하나 얹는 사람들
쑥쑥 늘어난다

## 대방동, 가려줄 손 없는


1호선 대방역 3번 출구 바로 앞 공터에
잘 생긴 콘크리트 기둥들이 쑥쑥 올라가 있다
투명한 유리 천정을 넘어
대낮에도 목 매캐해지는 미세먼지 걷어내고
새푸른 하늘 만질 듯 올라가 있다

무거운 방화복 걸친 채 납작 엎드린
소방 공무원 사관학교
금방이라도 씩씩 바퀴를 돌릴 듯
기름때 묻은 손 만지작거리고 있는
냉동 설비, 원동기 면허 학원
손바닥만 한 매장 앞에서
오토바이 쉴 새 없이 부릉거리며 대기하고 있는
배달 전문 자장면집, 흐린 베트남 쌀국수집…
키 작은 것들 누르며 스페이스 살림 빌딩이
날개를 단 듯 올라가고 있다
미끈하게 다리가 뻗은 기둥
분장을 한 듯 하얀 벽들이
대방동 어두운 골목에 빛을 던질 것 같다

하지만 다리가 미끈한 스페이스 살림은
자신의 몸 깊숙이 숨겨진 흑역사를 알고 있을까
흔한 구리 표지석 하나 남아있지 않지만
60년 동안 비밀스럽게 미 군사 정보단 캠프 그레이가 있던 자리
남파되었다가 이 땅이 좋아 자수한 간첩,
먼바다에서 고기 잡다 납북되었다가
송환된 어부들, 북한 귀순병 들을 상대로
듣고 싶은 말 나올 때까지
정강이를 까고 조이던 심문 장소였단다
김현희와 김만철도 여기서 혹독한 심문을 거치며
앵무새가 되어 시키는 대로만 말하도록 길들여진
대방동 수용소 터란다

문득 하늘로 기세 좋게 올라가는 기둥이
흑역사를 지우는 지우개 같다
어두운 지하 감방에서 신음 소리 삼키며
가짜 이력서와 기자회견에 맞는 문장을
가면이 불러주는 대로 꾸미지만
누구 하나 손쓸 수 없던 사각지대…
쑥쑥 새기 시작한 미군 유류 탱크가
지하수를 얼마나 검게 물들였는지 아무도 모른다

60년 만에야 미군이 슬그머니 떠난 뒤

박원순이 몇 년 동안 주말농장을 분양하여
배추와 상추들이 풋풋하게 자랐지만
아름드리 잘 자란 채소들의 잎맥에
왠지 미군이 몰래 내다 버린 중금속이며
삽으로 깊게 팔수록 기름띠 검게 배어 나올 것 같아
입에 댈 수 없었던 기억이 생생하다

이제 그 땅을 뒤덮어 스페이스 살림을 차린단다
미군부대 바로 옆 서울부녀보호소 자리에
외출 나온 미군들에게 몸 팔다 끌려와
기약 없이 쇠창살 밖 하늘을 그리던
누이들의 삼킨 울음소리 들리는 것 같다
식민의 잠재 지우며 빌딩이 올라가는 대방역
여의도 금융단지 쪽에서 몰려온 미세먼지
눈물처럼 가려 하늘 한 뼘 보이지 않는다
아픈 기억을 지운 채 쑥쑥 올라가는 스페이스 살림
어두운 지하실에서 등이 벗겨진
삼촌의 삼킨 울음이 새어 나오는 것 같아
미군에게 청춘을 팔며
어린 동생들 등록금을 마련하던 누이
감추고 있는 슬픈 얼굴이 보이는 것 같아
대방동 흐린 골목을 두리번거린다

## 우다방

오랜만에 광주 가는 길에
충장로 1가 광주우체국 앞에 선다
문학사상이며 창비 나오기만을 기다리며
들르던 삼복서점
펜팔에 딱 좋은 색지를 팔던 문구점
출출할 때 문 밀고 들어가던 모밀국수집…
흔적도 없이 사라지고
엘이디 조명 번쩍이는 패션샵
바깥까지 전자총 발사음 요란한 게임샵들이
그 자리를 메우고 있다

유행가 흘러넘치게 따라주는 다방
웨딩케이크 비추는 불빛 달콤한 제과점에
의자에 푹신하게 어깨를 묻을
여유라곤 없던 시절
대기실이 널찍한 우체국은
잉크 번진 원고 뭉치며 스케치북을 끼고 다니던
시인 지망생, 어린 화가들에게는
딱 어울리는 다방이었다
우체국 구석 푹신한 소파에 자리잡고

쓴 커피 한 잔 없이
시를 휘갈겨 쓰고
창밖 풍경을 스케치북에 옮겼다

충장로를 걷다가 건들장마라도 만나는 때에는
서둘러 우다방으로 들어가 비를 긋고
첫눈 오는 날에는
약속도 없이 연신 꽁초를 태우며
오지 않는 사람을 몇 시간이고 기다렸다

구석에서 시 잡지에 실린 시들을 읽고 떠들다가
저녁 무렵 술시가 되어서야 일어나도
우체국 직원 누구도 눈살을 찌푸리지 않는
따뜻한 공간이었다

출출해지면 우다방 건너 산수옥으로 몰려가
모밀국수 한 그릇 말고
다시 돌아와
오지 않는 친구를 기다리던 우다방
넉넉하게 품을 내주던 형 같은
모습 사라진 채
검버섯 성성한 외모에
짜부러진 눈썹천장 들어 올린 채
누군가를 해쓱한 얼굴로 여전히 기다린다

그리움 가득 담긴 펜팔 편지는 사라지고
단번에 수천수만 통씩 발송하는 DM,
카드 청구서들만 큰 덩치째 놓여 있는
우체국 구석 우다방은 폐업한 지 오래

가난한 시인, 화가 지망생들을 따스하게 감싸던
소파는 온 데 간 데 보이지 않지만
아직 꽃샘바람에 오들오들 떠는 창문
할 말이 남아 있다는 듯 덜컹거린다
하루가 다르게 새단장한 채 들어서는
고가의 외국 브랜드 패션샵
통유리 너머 커피 향 코를 찌르는 백화점…
비싼 돈으로는 결코 살 수 없는 것이
아직 세상 어딘가에 남아 있다고
쉰 목소리를 낸다

수취인 없는 편지 한 장 들고
우체국 덜컹거리는 문을 밀고 들어간다
따뜻하고 넓은 품 활짝 열고 기다리는
우다방 앞에서
어린 시인의 파릇파릇한 꿈을
뒤돌아본다

# 6V6 진공관 앰프

아무리 마음이 급해도
서둘러 마음을 내주지 않는 친구
아궁이에 불을 지피고 난 다음에도
잠들 무렵에야 따끈해지는 온돌처럼
이 친구는 느긋하게 데워져
우치다 미츠코의 피아노 선율을 따스하게 전해준다
먼 타국 런던의 외딴방에서
모차르트를 연주하는 동양 여자의 외로움에
어깨를 얹는 보이지 않는 손이 따스하다

한겨울을 느긋하게 견디게 해주던
어머니의 베틀에서 건진 무명처럼
무구한 소리로
포근한 감촉으로 귀를 만지작거리는 친구
밤의 터널은 길다고
꼬박 깨어서 천천히 가라고
지친 손 맞잡아 준다

*6V6 : 1935년에 첫 발매된 진공관으로, 무명처럼 꾸밈없이 맑은 소리를 내준다.

## 삼춘식당


수은주 뚝 떨어진 만추
따뜻한 국물 있는 점심 한 끼 찾아
대흥역에서 마포 신수동 사무소까지
한 바퀴를 빙 돌다가
'백반 5천 원' 하는 손글씨 앞에 걸음을 멈췄다
배추와 상추 값이 천정부지인 세상에
천 원짜리 다섯 장이라니
신기해서 다가가 보니
조그마한 식당 안은 불이 꺼져 새까맣고
닫힌 문에 삐툴빼툴 글씨 적힌 쪽지 한 장
쌀쌀해진 가을 바람을 견디고 있다

월세 벌어서 다시 오겠습니다

버겁게 짓누르는
가게 월세를 견디지 못한 주인
공사판 막노동 벌이라도 갔나 보다
찬바람에 덜컹거리는 유리창
늦가을 추위는 차가워지는 가을바람 아닌
등 돌린 사람에게서 온다고 말해준다

꼭 다시 들를게요
찬바람에 날리는 종이 여백에
보이지 않는 메모 한 장 남긴 채
다시 따스한 자리를 찾아 나선다

## 다시 피켓을 들며


아무리 큰소리로 외쳐도 듣지 못하도록
꽝꽝 귀에 녹슨 못 박고
강의실을 빼앗아가는 것으로도 모자라
캄캄한 독방에 가둔 어둠의 시간을 돌려달라고
자유와 평등의 잣대 로고 선명한
대법원 앞에서 피켓을 든 지 5년이 지났다

청와대와 결탁하여 부역자들에게 면죄부를 판
법관들은 역사 앞에 사죄하라
정의의 촛불을 들었다는 이유 하나로
생을 버려진 깡통처럼 구겨버린
희생자들의 잃어버린 시간을 되돌려달라
아무리 온몸을 실어 외쳐도
법의 여신은 기울어진 자를 바로잡지 않고
제 앞에 놓인 금덩이에만 마음을 빼앗기고 있다

꽝꽝 마개를 누른 병처럼
귀를 닫아버린 정의의 수호신 앞에서
귓속말인 듯 숨죽인 울음 담긴 피켓을 든다

돌아오지 않은 메아리에
속이 타는 줄 아는 걸까 모르는 걸까
법원 건너 사랑의 교회 첨탑은 더욱 높아져 가고
집 없는 사람들의 슬픈 뒤로 한 채
동작 하이빌리지 모델하우스 간판
글씨는 더욱 굵어져 가는데…

만추로 접어드는 시간의 속도 보여주듯
찬 서리 맺힌 아침
꽃은 겨울에 피는 걸 믿으며
아픈 시간의 강을 건너 다시 만난 친구
언 손 함께 맞잡으며 피켓을 높이 든다

## 소금꽃

서해가 멀지 않은 시흥 염전에 와서
막 개화를 준비하고 있는 소금꽃을 본다
미련 없이 내리치는 정을 맞은 듯
깨진 온몸으로
가을 빛을 난반사하는 수정
저렇게 맑은 빛을 얻기까지
얼마나 속으로 울음을 꾹 삼켰을까
진종일 허리 한번 펴지 못한 채
화살촉 같은 햇살과 맞선 염부의 땀일까
소금 창고에서 흘러나오는 간수를 보면
파란 하늘이 깨진 듯
팽팽하던 눈시울이 저절로 허물어진다

싱거움을 없애기 위한 양념이라
짜디짤 줄만 알았는데
막상 혀끝에 대보니
짭조름한 맛 뒤에
보이지 않는 바닥을 비집고 우러나는
짜릿한 단맛

40년 동안 염전을 지킨
염부의 이마에 새겨진 주름살이 깊다
잠시도 가릴 틈 없이
염부는 당그래로 소금꽃을 모으기에 바쁘다

따가운 햇볕에
희고 팽팽한 피부 다 내주고
땀과 함께 바닷물 쓸어내
모은 달디단 한 줌의 소금

단단하게 모이면
어떤 어두움도 바닥까지 밝게 펴는
수정이 된다

깨뜨릴수록 더욱 아름답게
빛나는 상처….

# 틈

관청 몰래 목판에 글자를 새기고
은밀하게 지식에 목마른 이들에게 판
방각본을 찾아 태인에 왔다
내장산 겨울바람을 견딘 단풍나무를 베어
한 글자 한 글자
목마른 지식의 샘을 판 흔적일까
몇백 년을 거뜬히 견딘
태인 방각본 획마다 무수하게 박힌 작은 틈들
수백 년이 지난 지금도
열병의 후유증인 듯 쑤신다

마침 수학의 정석 저자 홍성대가
고향 태인에 세운 명봉도서관을 둘러보다
수백 년을 해쓱한 얼굴로 기다린
태인본 몇 권 가까스로 찾아 둘러본다
포도청의 매 같은 눈 이리저리 피해가며
죽음을 각오하고 새겨 찍은 책들
창칼을 피해 고개를 내민 흔적들
해진 책 귀에 핏빛으로 남아 있다

지식은 골고루 나눠 써야 할 재산인데
농투성이들이 밤으로 책을 읽는 걸
세도가들은 왜 두려워했을까
방각본 깨진 글자들이
곤장 맞아 터진 상처 자국으로 박혀 있다

농투사니 후예들을 위해
궁벽한 마을에 지은 도서관을 빠져나와
아스팔트 깨진 틈 비집고 핀 제비꽃을 본다
이 길로만 가야 한다고
숨 막히게 깔린 아스팔트 길에 난
송곳만 한 틈 온몸으로 벌리며
제비꽃이 양지바른 쪽으로
힘겹게 팔을 뻗고 있다

코로나19로 무거운 금족령이 내려진
10월의 토요일 오후
손님의 발길이 뚝 끊어진 음식점 주인들이
청와대로 가는 길을 가득 메운 채
경찰들이 방패로 쌓은 성을 두드리고 있다
어느 담보다 높게 쌓인 철벽
허물 수 없지만
방패들 어긋나며 생긴 틈새로
뚝 끊어진 손님보다 더 허기진 목소리

온몸을 던져 건네고 있다

물 샐 틈 없이 쌓인 벽 넘어
발 없는 말이 천리를 가고 있다

# 제3부
# 리모컨을 쥔

## 원상 복구

양화대교 넘어 합정역으로 접어드는 길
길게 꼬리를 문 차들 사이에 끼여
큼지막하게 다가오는 간판 글씨에서
눈을 떼지 못한다

앞차가 저만큼 굴러가 섰지만
브레이크 페달을 밟은 발을 떼지 못한다
처음에는 가로수에 가려 원상 복구라는 글자만 보이더니
차바퀴가 조금 더 굴러가자
서울에서 가장 싸게 처리해 드립니다라는 말 아래
노래방, 카페, 분식점, 호프집이라는 글씨가
느낌표와 함께 붙어 있다

시선을 위로 옮기자
매장 철거 전문이라는 입간판이
지나가는 찻속에서도 잘 보이도록
겨울바람을 이기며 버겁게 붙어 있다
서울에서 가장 싸게 매장을 꾸며준다는 줄 알았더니
장사가 안 되어 가게를 접을 때
세입자들이 비싼 돈 들여 꾸민 인테리어를

원가를 따져볼 겨를도 없이
말끔하게 철거해 주는 업체란다

문득 오십도 못 되어
다니던 회사에서 정리 해고된 뒤에
마포 강변 동네에 골목 식당을 차린 사촌이
코로나 팬데믹으로 뚝 끊긴 손님을 기다리며
찬물에 손을 적시고 있는 모습이 겹친다
만들기보다 더 어려운 부수기의 고통을
그만은 벗어나야 할 텐데 하는 생각이 간절하다

누구는 멸치와 콩을 양손에 들고
즐겁게 저녁상을 차릴 꿈에 부풀어 있는 시간
저렇게 보이지 않는 곳에서
아픈 가슴을 쓸어내리는 이웃들이 많구나
하는 생각에 차창이 흐려져
한참 더 브레이크 패달에서 발을 떼지 못한다

오늘 저녁에는 내리긋는 진눈깨비 헤치고
오랜만에 사촌네 가게에 들러봐야겠다

## 쿠팡 로켓프레시, 한밤중 달리기

잠이 안 오는 가을밤
맑은 공기라도 쐬러 아파트 마당에 나왔더니
침울하게 잠든 창들과 달리
바삐 뛰어다니는 사람이 있다
이 밤에 웬 달리기인가 했더니
배달 트럭에서 짐을 내린 택배 기사가
캐리어 가득 박스들을 쌓아 올린 채
아파트 입구로 달려가고 있다
한밤중까지 소진하지 못한 배달 물량을
소진하기에 여념이 없었다

열린 택배 차량 문으로 들여다보니
배달을 못 끝낸 상자들이
차 지붕이 모자라게 높이 쌓여 있다
저걸 아파트 동마다 다 뿌리려면
자정은 훌쩍 넘을 것 같다

택배가 늦는다고 투덜댄 적이 많았는데
빨리 배달되는 택배 상자 뒤에는
청년들의 저런 땀과 눈물이 배어 있었구나

하는 생각에 왠지 눈시울이 뜨거워진다

조금만 기다려주면 되었을 텐데
나의 참을성 없는 조급함이
아들 같은 청년들을 죽음의 나락으로 몰았구나

아파트 마당에서 만난
한밤중에 달리기하는 청년의 모습
눈앞에서 지워지지 않아
그날은 꼬박 뜬눈으로 지샌다

띵동
주문하신 채소 문 앞에 기다립니다
또 다른 쿠팡 프레시가
택배 청년의 잠을 빼앗은 채
문밖에 기다리고 있다

신선한 야채에서 떨궈지는 이슬이
청년의 뜨거운 눈물 같아
차마 상자를 열 수 없다

## 리모컨을 쥔


전쟁은 결코 먼 곳에서 벌어지지 않는다

힘든 하루 일 마치고
모처럼 푹신한 소파에 모로 누워
리모컨을 쥔다
번호를 바꿔 누를 때마다
바뀌는 신세계에 시선을 빼앗긴다

헤프게 가슴 저리는 멜로드라마
통쾌하게 악당들 쓰러뜨리는 액션물
스페인 낯선 거리 보여주는 윤식당
김연경이 시원하게 때리는 배구
키를 누르는 대로
벽 가득 멋진 신세계를 펼쳐준다

리모컨 하나로 세상을 손안에 쥘 수 있구나

돈 한 푼 안 들이고
산토리니 파란 해변 카페에 앉아
황금빛 저녁놀을 즐기고

종편 시사 프로 출연자 입 따라
멋지게 세상사를 칼질해 들어간다

리모컨이 펼쳐주는 신세계 속에서
비몽사몽으로 눈뜬 아침
우편함에 꽂힌 청구서 하나
12월치 아파트 관리비 68만 원…

내가 리모컨으로 세상을 지배하는 동안
어딘가 숨어 있던 리모컨 한 개
나를 송두리째 쥐고 흔들었음을 깨닫는 순간이다

누르면 누르는 대로
내 시간을 송두리째 빼앗고
티뷔 조선이 시키는 대로
생각하는 괴물이
보이지 않게
내 안에 숨어 있는 걸 본다

# 뒤로 달린 눈

　삼성역 부근 무역회관에서 열리는 서울국제도서전 개막식 초청장을 들고 입구에 섰다. 불온한 사상자를 색출하듯이 소지품을 꺼내 바구니에 넣게 하고 마그네틱 검색기로 온몸을 훑는다. 이렇게 하면서까지 들어가야 하나 한참을 망설이다 개막식장 안으로 간신히 구두코를 들이미는데 도서전 홍보대사로 임명된 한 소설가 얘기가 카톡카톡 날아든다. 예술인 컨트롤 타워의 고위직에 오르더니, 어려운 시인 소설가들, 영화인들을 돕기는커녕 표현의 자유를 외치는 예술가들에게 앞장서서 낙인을 찍었단다. 블랙리스트에 올린 예술인들을 영화 제작 지원에서 배제하고, 눈엣가시인 시인 소설가들을 창작 지원 대상에서 빼고, 눈 밖에 난 문예지들 지원을 가로막았단다. 대형 엘이디 스크린에 등장한 그가 흰옷 걸치고 도서전에 많이 와달라고 내뱉는 말에 순간 숨이 턱 막힌다. 개막식 시간에 맞춰 달려오느라 오줌보가 팽창했는데도 입구에서부터 소지품을 이 잡듯 뒤지고 어깨 벌어진 청년들이 개막식장 겹겹이 둘러싸고 있어 옴짝달싹도 못 했다. 촘촘히 늘어선 경호원들을 뚫고 들려오는 외마디 소리! "블랙리스트 주역은 홍보대사에서 당장 물러나라!" 일단의 젊은이들이 개막식장 뒤쪽에서 진입하려다 제지하는 경호원들과 실랑이를 벌이고 있었다. "살아있는 문학을 모독한 사람이 무슨 홍보대사냐!" 비수 같은 외침이 천장을 정처 없이 맴돌았다. 잠시 후 시위대가 멱살을 잡혀 끌려 나가고 장내는 언제 그랬냐는 듯 조용해졌다. 대통령 부인이 깜짝 등장해 "저는 책을 사랑합니다. 우리 책을 세계에 널리 알리는 데 앞장서겠습니다." 우아하게 말하더니 식도 마치기 전에 개막식장을 빠져나갔다. 그녀는 독립출판사 부스를 돌아보며 작은 출판사들을 살리는 데 도움을 주고 싶다는 말을 뱉었다는데, 올해 들어 문화 예산도 줄이고, 배고픔과 외로움을 견디며 문학지를 펴내는 이들을 모르는 체하며 문예지 발간 지원도 싹둑 자르고, 밤샘으로 죽어가는 드라마 스텝들을 외면해 놓고 뱉는 말치고는 너무 달콤하다. 부스마다 켜켜이 쌓여 있는 책들을 본다. 보이지 않는 구석에서 침을 발라가며 갈고 닦는 이름들을 짓누르고 있는 게 보인다. 눌린 이름들 사이로 간수가 빠지듯 피눈물이 빚어져 나온다. 또다시 블랙리스트에 올려진 가난한 시인들을 뒤로한 채 벌어지는 화려한 오찬장을 피해 짜다 만 페이지를 위해 출판사로 서둘러 발길을 돌렸다.

## 찬비 긋는 트렁크


입술 선을 읽는 아이들 더디게 걷던
구화학교 골목길 지나다
처마까지 켜켜이 쌓인 트렁크들에 시선을 빼앗긴다
키 작은 집들 헐리고
몇 달째 월세 밀린 끝에
몸만 허물 벗듯 빠져나간,
쑥쑥 올라간 다세대 반지하 창가
트렁크에 다 담지 못하여
울룩불룩 삐져나온 옷가지,
멍든 구두코들
들이치는 비에 젖고 있다

덜덜 떨고 있는 트렁크를 한참 보고 있으니
찬 기운이 팔목으로 옮겨진 듯 시리다

카자흐스탄, 우즈벡에서 온 청년들
험한 일 하는 데는 이골이 났다
불룩거리는 근육으로 이삿짐을 옮기고
건설 현장 가파른 비계를 타고
외식집 주방에서 튀기는 기름에 데어도

희망의 주소를 외며 견뎌왔다
그나마 중국발 얼어붙은 경기 탓에
일자리마저 빼앗겨
공치는 날이 많단다

몇 달째 월세를 밀린 끝에
새 보금자리 마련할 돈이 없어
최고장에 셋방을 떠나며
반지하 창가에 짐을 두고 떠났다

켜켜이 쌓인 트렁크 사이로
언 손으로 닌텐도 게임기 두드리며
이방인 친구들이 죽인 시간
얼음에 데인 듯 아프게 다가온다

개발 붐에 밀려 쫓겨난
구화학교 아이들
빈자리에 끼어 살던 외국인 청년들
트렁크만 찬비에 맡긴 채 숨어버린
마포 강변 동네

이제 누가 지키나
무거운 짐 옮기느라 휘청거리는 어깨
훤히 드러낸 채

죽죽 비 긋는 트렁크 앞에서
내 기운 어깨도 차갑게 젖는다

# 그림 값

며칠 전 신문을 펼치다가 화가 박수근의 그림 아이를 안은 여인이 케이옥션 경매장에서 치열한 경합 끝에 8억 3천만 원에 낙찰되었다는 뉴스 앞에서 한참이나 눈을 떼지 못했다. 화가가 절명하기 전해에 한국으로 순회 연주 여행을 왔던 미국인이 헐값에 사간 것을 40년이 지난 뒷날 화상에게 되판 것이란다. 화강암 같은 표면에 어머니가 아이를 따스하게 안고 있는 모습이 고향으로 돌아가게 해준다. 손바닥만 한 그림이 웬만한 아파트 한 채 값이란 말이 놀랍기도 하지만 낙찰자의 수중에 들어가 돌아올 기약이 없다는 생각에 왠지 내 가슴 한편을 베인 듯 뜨끔하다. 박수근이 가난과 술 탓으로 쓸쓸하게 절명한 다음에 열린 유작전에서는 고작 몇만 원에 팔려 겨우 큰딸 대학 등록금을 마련할 수 있었다던데, 가난한 박수근네에게 쌀 한번 사준 적 없는 호사가들 사이에 탁구공처럼 주고받는 허상만 날로 커지는 게 남의 일 같지 않아 속이 쓰리다. 박수근의 유작 경매가 있기 몇 달 전 신문 한 귀퉁이를 채운 기사가 생각나 눈앞이 흐려진다. 서울 송파에 선가 세 모녀가 큰딸의 만성 질환과 어머니의 실직으로 시달리다가 전 재산 70만 원을 집세와 공과금으로 놔두고, 번개탄을 피워 세상과 악연을 마감했다는 소식이 고가 그림 경매 소식에 눌려 허공으로 산산이 흩어지고 있다.

## 에어팟 블루투스 헤드셋


요즈음 들어 부쩍 외계인들이 늘고 있다

안양역 발 출근 지옥철
비명을 연방 질러도
헤드셋으로 완벽하게 귀를 덮은 외계인들
눈 하나 깜짝하지 않는다

달라붙는 슈트 장착한 채
밀착한 사람들 사이,
쓰윽 빠져나가
미끄러지듯 단숨에
빈자리 찾아 털썩 앉는다

그들에게만 닿는 너튜브 방송
외계와 은밀하게 소통하는 헤드셋
나도 하나쯤 갖고 싶다

다음 시그널은 무엇일까

붐비는 틈을 타

모르는 남자가 밀착해 오자
젊은 여자가 휙 뿌리치며 악을 써도
방음이 완벽하여 귓바퀴에 걸리지 않는다
너튜브로 블랙핑크 숏컷 돌리기에 바쁜
외계인들에게는 보이지 않는 세계
벽을 허무는 일은 노코멘트

그렇게 혼자 잘 사는 외계인들
쓰윽쓱 퍼지는 사이
슬그머니 미국을 건너
원산지 표시 페인트만 지운 채
우크라이나로 날아간 155밀리 대포알
몇 배 큰 맷집으로 돌아올지 모르는데도
누구 하나 귀 기울이지 않는다

오늘 아침에는
외계인들이 더 늘어났다
한겨울에도 찜통인 만원 전철
제자리를 확보하느라 발 디딜 틈 없다

## 주상절리

한번은 시원하게 무너져 내려야 한다
멀리서 보면
그저 쉽게 등을 내줄 듯
엎드린 산
5월 훅 끼치는
철쭉이랑 원추리 향기 맡으며 오르다가
정상 앞두고
섣부르게 눈앞 정상을 딛겠다고
서두르는 등산객들을 막아서는
무등산 서석대 입석대

그대로 파란 봄 하늘로 오를 듯
뽑아 올라간 주상절리를 들이민다
솜씨 좋은 목수가 마름한 듯
어깨를 나란히 올라간 바위들
하늘길 오르는 길에
한 기둥이 무너지면
끊어진 허리를 다른 친구가 딛고 올라가고
그 친구가 쓰러지면
또 다른 친구가 다시 그 죽음을 딛고 올라가

마침내 파란 하늘에 닿는
죽음을 함께한 동지애부터 익히라고
수직으로 계단 없는 사다리를 편다

정상으로 가기 위해서는
한번은 깨끗하게 비워야 한다고
무너져 내린 것들이
젖 먹는 힘 모아
파란 하늘 어울리는
주상절리 딛고 무등에 오르며
아낌없이 저를 내주며
철쭉 향기 맡으러 가던
5월 그날 형제들의 귀환을 본다

# 컵밥

12월의 끝 만져지는 노량진 거리에서
찬 밤공기를 이기는 것이라곤
뜨거운 김 모락모락 피어오르는 컵밥뿐이다
출구 없는 지방대학을 다니다가
휴학계 내고 9급 공무원 강의를 듣는 청년
정작 학사모는 썼지만
입사 원서 한번 제대로 내지 못한 채
교사 임용고시에 뛰어들어
밤을 낮으로 바꿔 사는 젊은 여자 친구
빠르게 다가온 정년에 떠밀려
일자리를 벗어났지만
아이들 결혼 자금 따위
목돈 들어갈 데가 많아
식구들과 떨어져 고시원에 박혀 살면서
전기기사 자격증 준비에 부심한 김씨 아저씨…
하나같이 출출한 사람들 모여
뜨겁게 뜨겁게 컵밥을 삼킨다
차마 혼밥 할 수 없어 식당문 밀고 들어가지 못하고
한 푼이라도 아껴
시험 치를 때까지 버텨야 한다며

역전 건너 거리에서 찬바람을 반찬 삼아
칼로리 듬뿍 간수한 돈육과 김치
고추장을 노릇노릇 비비고 볶은
컵밥을 훌훌 삼킨다
오늘 뜨겁게 흘린 눈물
내일 빛나는 합격증을 얻기 위하여
밤공기를 뜨겁게 데운다
차가운 겨울의 끝까지 가기 위하여
뱃살 가득 힘을 불어넣는다

## 당근을 고르며

꼬박 밤을 새우면서 걸어도
아직 길의 끝 아득할 때
차마고도 대상들은 노새에게 당근을 준다
달콤한 맛에 빨려든 노새들은
당근 뒤에 따라오는 쌉쓸한 사막유채
까칠까칠한 쐐기풀도 함께 목으로 넘긴다
그렇게 이레를 걸어 히말라야를 넘은 끝에
봄 내내 거둔 차를 소금과 밀로 바꾼다

차마고도가 아니라도 당근의 유혹은
내 스마트폰 속에 은근하게 숨어 있다
출근길에 당근마켓을 뒤적이다가
속도를 높여 새 게임을 씽씽 돌려준다는
달콤한 말에 이끌려
컴퓨터를 몇 번이나 바꿨는지 모른다
시중가 절반에도 못 미치는 가격에 올라온
와이드 스크린 모니터를 덥석 지르고
짝퉁인지 진짜인지 모를
명품 가방을 벌써 몇 개나 사들여
이제 아무 데나 버릴 수도 없어

폐기물 스티커를 구입해야 한다

달콤한 당근의 유혹에 이끌려
값싸고 멋진 것들을 손에 넣다 보니
좁은 방이 듀얼 모니터며
곧 비틀즈가 튀어나올 듯 빙빙 도는 LP판
잊지 못할 추억을 담은 필름 카메라 들로
도떼기시장을 이루고 있다

당근의 유혹에 이끌려
답답하게 좁은 티뷔를 버리고
극장 같은 와이드 스크린을 찾아 기웃거린다
끊을 수 없는 마약이 발린
당근의 유혹에 끌려다니다
한 정거장 지나쳤다

돌아갈 길 아득하다

## 자작나무 옹이

한겨울 모스크바 외곽 공항에 내려
꼬박 두어 시간을 달려
예약해둔 시내 숙소로 가는 동안
끝없이 늘어선 자작나무를 보며 놀란 적이 있다
거센 눈보라에도 허리 굽히지 않고
어떻게 저렇게 한결같이 하늘을 바라고 섰을까
자작나무의 마르고 꼿꼿한 몸을 향해
창밖으로 몸을 훌쩍 던지고 싶었다

자작나무라면 늘 그렇게
매끈하고 단단한 줄 알았더니
그게 아니었다
가까이 다가가 덥석 안으려 드니
온몸에 옹이가 박혀 있었다
하늘을 향해 번쩍 몸을 들어 올려
동토의 땅에서 숨을 쉬기 위해
자작나무들이 한 뼘 하늘을 향해
고개를 들고 일어설 때마다
덧자란 가지들을 제 손으로 쳐낸 자리
쓰린 흉터로 가득했다

가난한 집 형제들
밤을 낮으로 일하면서
땀내 밴 돈 한 푼 두 푼 모아
싹수 있는 어린 동생 학자금을 마련하듯
여린 곁가지로 통하는 물관을 차단해
스스로 여윈 것들을 버린 다음
곧고 굵은 줄기 하나만 골라
새푸른 하늘로 밀어 올린단다

겨울 하늘 밀며 올라가는
자작나무를 볼 때마다
온몸에 난 상처 마다하지 않으며
질통을 메고 있는 형,
바늘로 청춘을 짓이기며 미싱을 밟았던 큰누나
라면 발보다 더 가지런하게 가발을 엮었던
작은 누나를 떠올린다
보이지 않는 누군가
동상 든 발로 눈보라 굳게 디딘 채
온 힘을 다해 어린 동생을 따뜻한 곳으로
밀고 있다는 생각에
허전한 옆구리를 자꾸 만져 본다

# 희자네 칼국수

5·18 43주년을 하루 앞둔 저녁
쿵쾅거리는 금남로 전야제를 뒤로 한 채
남광주시장 희자네 칼국수에서 쓴 잔을 비운다
문득 사이키델릭 요란한 행사장 옆
밀림을 이룬 입시 학원 공무원 학원들에서
쏟아져 나오던 젊은 친구들을 떠올린다
차마 제 피붙이를 쏘겠느냐고
귀가 망가진 책으로
힘겹게 최루가스를 뿌리치던 친구들을 향해
눈 가린 채 퍼부은 총탄 앞에
나뒹굴던 책가방, 채 못 비운 컵라면 한 그릇
떠올리며 차마 국숫발이 넘어가지 않는다

꿈을 빼앗긴 친구들 꽃잎으로 지고
피의 열매가 맺힌 자리에서
사물놀이가 벌어지고 노래가 울려 퍼진다
새벽을 열기 위해 이름 없는 시민들이
주먹밥 하나 삼키며 전선을 지키다 죽어갔지만
글 팔아 이름깨나 알린 사람들은
너릿재 넘어 화순으로

무등산 가로막아 총소리 들리지 않는
담양으로 몸을 숨긴 채 돌아오지 않았다

선배들이 죽어가는 시민들을 저버린 자리에서
부끄러움도 모른 채
남은 자들은 상금 두둑히 걸린 문학상을 주고받고
발포 명령을 내린 자는 오리무중이고
희생자 명단에도 오르지 못한 채
생매장당한 친구들 묻힌 터는
여전히 안개 속에 묻혀 있다

다들 축제 자리에서 떠드느라
5월의 향기가 사라진 거리를
43년째 변함없이 제2의 고향 찾아와
먼저 간 영혼들의 손 따뜻하게 잡는
충청도 친구 김창규 시인
5월 그날 전라도 신부를 맞은 것이
너무 고맙고 부끄러워 광주를 매년 찾는
경상도 시인 김태수 형과 쓴 잔을 기울인다
5·18은 광주 아닌 자리에서
더 아프고 그립다
무연고 묘지의 주인을 찾는
한 가닥 실마리라도 될까
끝 보이지 않는 칼국수를 들어올린다

## 책 곰팡이


눈 내리는 새해 첫날
황포돛배 떠 있던 마포 강변 동네에 있는
출판연구소 삐걱거리는 문을 열자마자
와락 달려와 안기는 곰팡이 냄새
1948년, 정부 수립되던 해에 나온 출판대감
나랑 함께 나이를 먹어가느라
책들 사이에 눌려 어깨 바스러진
1957년도판 출판연감, 일제하 금서 36권…
아픈 우리 현대사를 건너온 책들이
상처를 견뎌온 시간만큼
훅 누룩곰팡이 냄새를 끼친다

책장을 넘길 때마다 풀썩 책 먼지가 일어나는
1948년판 출판대감 속에는
월북 전 임화가 편집한 해방시선이며
북으로 넘어간 정지용 시집 목록들이
오래 외면당해 온 끝에
깊은 상처를 감춘 채 숨어 있다

끝내 창씨개명을 거부한 채

일본어만이 통용되는 강의실을 떠나
벽돌공장 노동자로 숨어서 살아온 시인
새는 한쪽 날개 아닌
두 날개로만 날 수 있다고 말해준다

역사의 이슬로 사라진 저자들
남의 모진 손으로 그어진 군사분계선을 넘어와
차마 꺼내지 못한 말들
곰팡이 냄새를 빌려 말한다

공기청정기로 걷어내려 해도
창문 활짝 열어젖혀도
사위를 막은 아파트 벽에 가려
가시지 않는 책 곰팡이 냄새
역사의 아픔은 서로 씻겨주며
함께 갈 때
깨끗한 새벽을 열 수 있다고
상처를 먹고 자라는 책 곰팡이
한 뼘 더 자리를 넓힌다

## 보길도 몽돌


객지 맛 찾아 몰려든 사람들 보이지 않는 한겨울
보길도 예송리 바닷가에 와서
파도의 말을 듣는다
바닷가를 따라 누워 있는 몽돌
먼바다 소식을 싣고 온
파도의 말 귀 기울이고 들었다가
파도가 먼바다로 돌아가면
새벽 바닷가를 걷는 사람들에게
빠뜨리지 않고 다 들려준다

파도의 말을 고스란히 담기까지
저 몽돌들 얼마나 가슴이 문드러졌을까
못다한 속엣말 꺼내 놓느라
밀려갔다 다시 돌아오는
파도의 멍든 가슴 받아내느라
사납기 그지없던 돌들
진종일 파도와 함께 부대끼다가
보드라운 속살만 남아
동글동글한 몽돌이 되었다

선연한 피 안고 지는
예송리 동백 숲을 닮았나
겨울 해변을 거닐며
차마 뱉지 못한 가슴속 말
오랜 지기라도 된 듯 털어놓는다

하나도 뱉지 않고 받아준 몽돌들
먼바다로 가는 파도에
하나도 빠뜨리지 않고 실어 보낸다

# 35년
-채광석 형을 그리며

긴 봄 가뭄 끝에
양파며 마늘 죄다 말라버린 뒤
뒤늦게 흥청망청 내리는 장맛비 사이
온몸이 가시투성이인 햇볕 내리꽂히는
망월동 묘역에 왔다
금세 흥건해진 땀 씻을 그늘 한 뼘 없는
채광석 형 유택 앞에 선다

미소 띤 얼굴로 웃는
묘비 속 청년 시인과 악수를 나눈다
35년 전 체육관을 다시 빌려
칼과 총으로 녹여 만든 열쇠
군복 호주머니에서 다른 호주머니로
슬그머니 옮기는 걸 반대하며
씽씽 돌팔매 되어 날아가던 기억
어제 일인 듯 또렷하다

명동성당에 고립된 상계동 철거민들 구하고
전두환 독재 철폐 외치러 가던 길

전경대는 로마 병정처럼 방패로 벽을 쌓더니
성당길로 접어드는 명동 초입부터
매캐한 최루탄을 마구 쏘아댔다

전경대 돌파가 지지부진하자
'채광석 이거밖에 못 해? 돌파하자구!'
밀가루 부대를 뒤집어쓴 듯
최루가스 범벅이 된
객주의 작가 김주영 선생이 일갈했다
광석이 형을 둘러싼 젊은 작가들
안개비처럼 쏟아지는 최루탄 뚫고
명동성당 앞 전경대 철벽 가장 먼저 돌파했다

그렇게 낮으로는 자유실천위에서 글을 쓰고
밤으로 민노총, 전교조 핵심들과 모여
군인들의 손아귀에서 가죽의자 빼앗기 위해
장소 바꿔가며 연일 은밀하게 이어지던 회의 끝
형은 차 끊긴 아현동 로터리
길 일러줄 동료 한 사람 없이
차가운 새벽 귀갓길에서 쓰러졌다

성공회 대성당에서 열린
6·10민주항쟁 35주년 기념식
말석에 앉아 있는데

갑자기 귀를 찢는 듯한 말이 들렸다
민주화운동 유공자 훈포장 순서에서
'자유실천문인협의회 전 사무국장 채광석!'
사회자가 35년 전 하늘로 떠난 사람을 호명하였다
절명은 결코 절멸이 아니란 듯
35년 망각의 강을 건넌 형이
국민훈장 모란장을 당당히 받는 모습이
흐린 눈 걷으며 선연하게 들어왔다

긴 시간의 터널 건너
홀연히 환생한 채광석 형이
내 귓가에 뜨거운 입김 불어 넣으며
얼마 남지 않은 시간 허비하지 말고
온몸을 던져 살아야 한다고 말했다
지친 어깨 따스하게 감싸 주었다

나도 모르게 굳게 쥔 맨주먹으로
줄줄 흘러내리는 눈물 훔쳤다

## 당근, 별이 빛나는 밤


뱃가죽이 등에 찰싹 달라붙은 겨울밤
살강 위에 놓인 당근을 뽀갰다가
당근 속에 그려진 동심원이 예뻐
한참이나 홀린 듯 들여다본 적이 있다
샐러드를 만들려고 씻어놓은
파란 양배추 벗기다가
끝도 없이 깊은 색감에 빠져
차마 입으로 가져가지 못한 기억도 있다

당근 마켓에서 단돈 3천 원에 산
고흐의 별이 빛나는 밤 그림 퍼즐 맞추며
갓 뽀갠 당근 속 동심원이며
파란 양배추 색감을 그대로 옮긴 게 아닐까
몇 번이고 한참씩 들여다본다

기술이란 건 참 좋은 것이구나
백 년 넘어 전 천재 화가의 그림
단돈 몇천 원에 짜맞춰
벽에 걸 수 있다니!

백 개가 훨씬 넘는 퍼즐 조각들
이리저리 맞춰
소용돌이 이룬 파란 별빛
당근 빛 깨끗한 달 사이로
머쓱하게 쑥 올라간 사이프러스를 맞춰간다

그림 퍼즐을 다 맞추는 대로
액자에 넣어 벽에 걸 욕심으로 서둘다가
문득 손놀림을 뚝 멈춘다
생 레미 정신병원에 갇혀
잠도 잊은 채 말똥말똥한 고흐의 밤하늘
바뀌어가는 별자리의 소용돌이
가슴 깊은 곳에 휘몰아쳐
더 이상 조각을 맞춰갈 수 없다

죽은 지 칠십 년을 훌쩍 넘겨
누구나 베껴도 좋다지만
원작보다 색감이 생생한 그림 퍼즐을 보며
마음의 소용돌이를 온몸으로 견딘 고흐
이렇게 쉽게 값싸게 가질 수 없을 것 같아
다 맞춰가는 퍼즐 조각들을 와르르 허물고 만다

긴 겨울밤 잠을 잊은 채
삐툴빼툴 눌러 쓴 내 시도

누군가의 가슴에 닿기 전에
헐값에 복사되고는 있지 않을까
붓을 들지 못하도록 흔드는 것들을
뿌리치기 위해 왼쪽 귓불마저 자른
고흐의 헝클어진 마음을 헤아리며
거의 다 맞춰가던 그림 퍼즐을 쏟아붓고
그의 잠 못 드는 겨울밤
가슴 안쪽에 따뜻하게 담는다
보이지 않는 곳이 와르르 무너진다

## 제4부
## 총각네 야채 가게

## 총각네 야채 가게

야근 기록부에 초과 시간 1분 올리지 못한 채
밤늦도록 어깨 근섬유 끝까지
젖산으로 눅진하게 채워져서야 일에서 벗어났다
종잇장 하나 집어 들지 못할 만큼 탈진하여
겨우 막차 잡아타고 돌아오는 길
어두운 아파트 앞길을 밝혀주는 건
총각네 야채 가게 불빛뿐이다

젊은 친구들 몇몇
어깨 불룩거리며 산더미 야채 짐을 풀고 있다
아파트 숲 다 잠들어
발길 뚝 끊긴 시간
총각네 야채 가게는 내일 준비로 뜨겁다
가락동 농산물 도매시장 닫기 직전
떨이로 사온 푸성귀며 군데군데 멍든 과일들
시무룩하게 처진 것들 골라내고
생생한 것들 파릇파릇 귀 살려
좌판에 올려놓기 바쁘다

붐비는 맛집 거리 발레파킹, 커피숍 주방 설거지,

제아무리 굽은 길도 직선으로 펴며 달리는
전기자전거 음식 배달…
아르바이트 몇 개씩 겹치기로 뛰면서
겨우겨우 학비를 마련해 대학을 나왔지만
바늘귀보다 좁은 취업 문
아무리 부딪쳐도 뚫리지 않았다
남이 시키는 대로 따라 하기보다
스스로 일어서는 길 골라
불경기 탓에 공실로 남은 상가를 빌려
잠을 줄이며 야채를 팔기 시작했다

달콤한 잠 조금 줄이고
클럽에 들러 젊음을 발산하고픈 유혹
푹 눌러주면
시장 볼 시간마저 없는 사람들에게
싱싱한 아침을 배달할 수 있다

긴 장마로 배추 농사 그르치면서
금값도 무색하게 귀한 대접 받는 배추
삭은 잎 떼어내고 생생한 속살째 좌판에 올린다
총각무 더벅머리 시들기 전에
안개비 같은 물 흐북하게 뿌려준다

불뚝 솟아오르는 젊음 누른 채

남보다 늦게 자고 새벽잠 좀 줄이면
중간상인들 횡포 넘어
싸고 싱싱한 아침 나눌 수 있다고
날로 치솟는 물가
손에 손 잡은 채 타넘을 수 있다고
산더미 야채 짐 즐겁게 푼다
이마에 흘러내리는 짭짤한 소금땀 떼어낸다

절망하지 않고
스스로 삶의 문 열어가는
총각네 야채 가게 젊은 친구들
벽은 이래서 열어갈 맛이 난다고
땀 범벅 웃음으로 말해준다

화려한 슬로건 요란한 대학 간판
숨어 있는 아버지의 인맥, 혼맥 아닌
흙 묻은 야채 짐 짊어진 두 어깨가
꼭 닫힌 미래로 가는 문
활짝 여는 힘이라고 묵묵히 말하며
깨끗한 새벽 빛을 줌렌즈 조이듯 당긴다

## 반지하 창을 가린


질금질금 그어 내리는 진눈깨비 탓일까
차가운 하늘 부르르 떠는 안양교도소 지나
포도원 가는 길
포도 향기는 맡아지지 않고
코끝을 자극하는 포르말린 냄새,
덜 마른 니스 냄새 진동하는 가구공장들
도미노처럼 버겁게 기대고 있다

전기톱으로 통나무를 등심 자르듯 엷게 켜고,
벌어지지 않도록 나사못을 박고,
부레풀 쑤어 덕지덕지 바르며…
매캐한 냄새 실컷 들이마시는 고된 일
떠맡으려 드는 우리 젊은이들 없어
발글라데시, 미얀마, 카자흐스탄에서 떠밀려 온
외국인 노동자들이 메우고 있다

허공을 가르는 듯 전기톱 소리 섬뜩한
가구공장 즐비한 골목 지나
소설가 조정래가 박혀서 태백산맥을 썼다는
나사로의 집 찾아가는 길

머쓱한 다세대주택 앞모습이 눈에 밟힌다
벗은 팔에 얼음을 대듯
진눈깨비 질금질금 내리는데
반지하방 창문을 온통 가린 채
켜켜이 낡은 트렁크들이 쌓여 있다

궂은 일 할 사람 구할 수 없어서
그 자리를 먼 타국에서 온 외국인들이 메워주는데
그나마 가구단지 경기에 찬바람 불고
비수기까지 겹치는 통에
체불 임금 임계점까지 쌓이면
월세를 낼 형편이 안 되는 친구들
무작정 집 밖에 트렁크를 내놓고 떠난단다

문득 반쯤 열린 트렁크 사이로
툭 빚어져 나온 옷가지들 꺾인 팔이
너덜너덜 흔들리는 걸 본다
사람이 들어가 비를 피할 자리도 남기지 않고
반지하방 처마에서 찬비 긋는 트렁크들 보며
저도 모르게 뜨거워진 눈시울이 흘러 넘친다

난장에 내놓아도 누구 하나 손대지 않는
외국인 친구의 살림 앞에서
너무도 오래 등을 돌린 채 살았다는 생각에

빚어져 나온 것들을 밀어 넣은 다음
벌어진 자크를 끝까지 올려준다
편안하게 등을 기댄 채
저녁상을 받아든 식탁이며 의자
따스한 밥이 담긴 스테인리스 그릇들…
변변히 치료 한번 제대로 받지 못한 채
상처를 안은 채 대패를 밀고
프레스에 청춘을 짓이겨도 침묵을 강요당하는
사람들 덕에 오늘이 있다는 걸
까맣게 잊고 살았다

퇴직금도 없이 공장에서 등 떠밀린 친구
새 일자리, 새집을 얻어
따스하게 겨울을 나기를 맘속으로 빌며
트렁크들이 긋고 있는 찬 눈물을 닦는다

## 빽빽한 서랍

작성을 마친 시 창작 노트를 챙겨 들고
삐걱거리는 서랍을 여는데
턱까지 꽉 차서 들어갈 자리가 없다
생각의 실마리를 풀어주던 볼펜들
언제라도 종이 위를 달리기 위해 기다리고
옷 걸 자리가 마땅치 않거나
천장에 붙은 엘이디 등 나갈 때마다
부리나케 꺼내 들던 쇠망치며 드라이버들
쓸모 생길 날을 기다리며 누워 있다
그 위에 차마 버릴 수 없는
대학 교양 강의안들도
덥수룩하게 먼지 쓴 채 눌려 있다

집안 살림을 정리하는 길에
내다 버리고 싶지만
왠지 낡은 냄새가 싫지 않아
다시 밀어 넣던 이력서

오십도 못 되어
출판사 의자를 비워주고 나온 뒤

전전하던 대학 강사 자리, 학회 심부름하던 일,
연구팀을 옮겨가며 밤을 죽여가며 메꾸던 보고서
어느 것 하나 변변하게 이력서에 넣을 수 없다

문득 대학 문을 가까스로 나왔지만
딱히 들어갈 일자리가 없어
막내아이가 전전하던 보습학원 수학 강사,
통계 리서치 회사 조사원,
대형 마트 주차 안내원…
이력서 한 줄도 못 채우던 임시직 일자리들
애비가 걸어온 길과 꼭 닮았다

더 이상 채울 수 없이
빽빽한 서랍 누군가 뒤진다면
아무짝에도 쓸모없다고
그대로 다 버리자고 하겠지만
끝내 버릴 수 없는 것들 앞에서
팽팽하던 눈시울이 흐려진다
먼지 수북한 종이 누른 다음
또 하나 지울 수 없는 역사를 더한다

## 기계들의 밤

연일 되풀이되는 일에 지칠 때마다 들르던
꿈에그린 아파트 앞 커피숍
달포 전부터 벽을 뜯어내고
울긋불긋 밤낮 페인트칠로 분주하더니
24시 무인카페로 간판을 바꿔 걸었다

구두코만 곧장 따라가던 버릇대로
무인카페 번쩍거리는 문을 밀고 들어갔더니
카페 여주인 아닌 키오스크가 떡 버티고 서있다
핑핑 돌아가는 메뉴판 앞에서 헤매다
잘못된 주문을 취소하지 못한 채
커피를 두 잔이나 받아들었다

함께 마실 친구가 없어 쓸쓸했지만
여주인과 주방을 맡고 있던 청년
일자리 두 개가 빈 것을 보며
왠지 옆구리가 얼음에 부빈 듯 차갑다

저녁에 집으로 돌아가는 길에
두부랑 우유 몇 팩 사달라는 문자를 받고

사거리 앞 대형 슈퍼마켓에 들렀다
물건을 들고 계산대로 향하는데
여럿이던 캐셔가 둘로 줄어든 탓인지
결재를 기다리는 줄이 길게 늘어서 있다
키오스크가 세 대나 머쓱하게 서있는데도
버튼 조작이 서투른 탓인지
그쪽으로는 발길을 돌리는 사람들이 드물다
기계는 사람들을 곧 익숙하게 만들겠지만
일자리 셋이 감쪽같이 사라진 자리
쓸쓸한 상처 오래 남을 것 같다

지능 좋은 기계들이
빠른 속도로 사람을 대신해 가고 있다
날로 월세는 치솟고
사람들의 허리가 개미처럼 조여들고 있다

## 베이커리 뒷골목

6호선 광흥창 전철역을 가까스로 빠져나오자
훅 안겨드는 프랑스제과점 빵 냄새
발갛게 타는 저녁놀처럼 따뜻하다
투명 유리를 그대로 투과하여
노릇노릇 부푼 단팥빵이며
바삭한 크루아상 몇 개 집어들면
진종일 힘든 교정쇄 만지러 가는 길
한결 가벼워질 것 같다

그렇게 쌀쌀한 만추의 아침 덥혀주는
빵 봉지들 앞에서 간신히 눈 돌려
제과점 뒷골목에 들어서면
공기는 언제 그랬냐는 듯 표정을 바꾼다
허리 꺾인 담배 개비들 널려 있는 위로
흐릿하게 펼쳐진 빵 굽는 포스터
반죽을 연방 굴려 봉긋하게 빵을 빚는
제빵사의 검게 그을린 손
휴가지에서 만난 여름 햇볕 아닌
화덕의 열기를 오래 견뎌온 흔적이다

제빵사의 마르고 그을린 팔에
며칠 전 신문 한 귀퉁이에 실린
가십 기사가 타투처럼 비친다
이름만 들어도 혀가 살살 녹는
샤니 제빵 공장에서
빵에 바를 크림 반죽기를 돌리던 누이
그만 반죽기에 몸이 반쯤이나 빨려 들어가다
가까스로 멈췄지만
끝내 죽음의 문턱에서 돌아나올 수 없었단다

아침마다 배달되는 달콤한 빵 속에
젊은 친구들의 눈물과 땀
씻을 수 없이 배어 있다니
그림 속 제빵사의 등을 두드리며
서둘러 골목을 빠져나간다

교정쇄 행간에 배어 있는 눈물
보이지 않게 흥건히 고여 있다

## 길 깁는 날


한 달째 이어지던 장마 뒤
빗물이 빠지자 드러난 비산사거리 정류장
버스 바퀴가 지나간 길 가장자리가
힘겨운 듯 혀를 빼물고 있다
얼마나 많은 차들이 지나가는 걸 견뎠으면
저렇게 너덜너덜해졌을까

오늘은 불볕더위를 딛고
몇몇 인부들이 찢어지고 갈라진 길을 깁고 있다
재단사가 잠자리 가위로 양복천을 자르듯
폭염에 혀를 빼문 아스팔트를 잘라내고
굴착기로 걷어낸다
그 위에 뜨거운 김 뿜는 아스콘을 져다 부린 다음
인부들이 뜨거운 김 뿜는 아스콘을
열기에 휘말린 채 인부들이 삽으로 고르기 시작한다
한여름 뙤약볕이 인부들을 달궈
등에서 뜨거운 아지랑이가 피어오르고 있다
한참 뒤에야 펑퍼짐한 롤러 차가 지나가자
우둘투둘했던 아스팔트 길이
파우더를 바른 얼굴처럼 말끔해졌다

잠자리 가위로 원단을 가르듯
너덜너덜해진 길을 자르고
재봉 바늘이 지나가듯 기우면 되는 줄 알았더니
뙤약볕과 인부들의 땀과 눈물로 길을 내는 줄
비로소 알았다
길의 어깨가 망가지지 않도록
천천히 걸어야겠다

## 이중섭의 은박지화

덕수궁 국립 현대미술관 소장전에 들렀다
한국 현대미술사의 한 장면 한 장면을 이루는 대작들
즐비하게 널려 천정까지 닿는 가운데
구석에 자리 잡은 손바닥만 한 그림 앞에서
한참이나 눈을 떼지 못했다
담배 포장지에 그린 이중섭의 은박지화다
육이오 동족상잔이 한창인 때
사고무친인 제주도로 건너가
아내, 두 아들과 함께 단칸방에 살면서
못으로 눌러 그린 그림이란다
식구들의 포도청 같은 입을 보며
서귀포항에 나가 군수물자 하역을 하면서
유화 물감이며 붓을 살 형편이 못 되어
어깨 검게 타는 하역 작업 여적에
잠시 땀을 식히며 피우던 담배를 감싸던
은박지에 못으로 눌러 그린 그림
손으로 만 봉초 담배
새빨간 불빛에 비친
이중섭의 여윈 볼이 아리게 비친다

그림을 그릴 판도 물감도
변변한 붓 한 자루 없지만
그는 담배 포장지 위에
못으로 물장구치는 아이들도
연꽃에서 탄생하는 부처님도 새겨 넣었는데도
선이 생생하게 살아
금방이라도 은박지 밖으로 튀어나올 것 같다

빛바랜 은박지 너머
담배 불꽃으로 땅거미를 밀어내는
이중섭의 여윈 손
그림은 결코 값비싼 화구
색감 화려한 물감이 아닌
살아있는 정신을 각인하는 것이라고 말해준다
손바닥만 한 그림
마음의 눈에 너무 크게 다가와
다 들여다보기에
지상의 시간이 몇 뼘 모자란다

# 윤여정 AI

아카데미상을 받으면서 국경을 넘어 노출된 덕분일까 낯선 거리에 문을 열자마자 주문이 줄을 잇는 윤식당에 눈을 빼앗긴다. 배낭 여행객들이 잔치국수집으로 알고 출출한 배를 달래려고 들어갔다가 혀를 쏙 뽑힌 채 나오는 파스타 전문점 즐비한 스페인 가라치코 마을, 마카로니 황금빛이 시선을 빼앗는 일 포스티노 촬영지 카프리, 파란 파도 밀려오는 발리에서도 줄을 잇는 손님들 따라 티뷔 화면 속으로 풍덩 빠진다. 그런데 모 생명보험 광고에 노출된 20대의 발랄한 카페 여자를 보며 또 한번 놀란다. 잔주름이라곤 없이 길게 늘인 목, 가는 허리를 좌악 펴주는 하이힐, 칼로 금을 그은 듯 엷은 쌍꺼풀에 담긴 맑은 눈의 여자가 뭇시선을 꼼짝 못하게 당긴다. 윤여정의 리즈 시절을 저렇게 잘 간직한 필름이 있다니! 절로 혀를 차게 된다. 아카데미를 제패한 배우답구나 했더니, 그게 실은 실제보다 더 빼닮은 AI로 재현한 타임슬립 작품이다. 윤여정의 젊은 날 사진이며 숨어 있는 필름들을 찾아 밤낮없이 학습한 컴퓨터가 디에이징 기술로 창조한 여자란다. 여자의 매혹은 주름을 곧잘 감추는 화장이 아니라 머리 좋은 AI를 잘 만나야 한다는 듯 허리가 가는 여자가 돌아본다. 참 신기한 세상이다. 얼마 전에는 AI가 삼행시를 곧잘 쓰거나 심지어 소설을 써서 응모해서 당당히

당선되기도 했다. 인공지능 알파고가 천재 바둑기사 이세돌을 이길 때만 해도 극히 일부의 우려려니 했더니, AI가 지배하는 세상이 바로 곁에까지 다가왔다고 선언하듯 종아리가 고운 AI 여자가 윤식당 문을 슬며시 밀고 들어간다. 뭇 남성들이 젊은 여자를 따라 식당 문을 줄 지어 밀고 들어간다. 젊어지고 싶다면 주름 없애주는 고가의 화장품을 찾아 헤매거나 적금을 들어 가까스로 마련한 큰돈으로 성형 수술대에 올라가야 하나 고민할 필요가 없겠구나! 쳇GPT에게 건네줄 사진이며 케케묵은 필름들이 눌려 있는 파일을 들춰본다. 그렇게 날로 새로워져야 한다며 통장 잔고를 들여다보는 AI에게 숨은 고민이 뭐냐고 물었더니, 솔직히 자신에게 연결된 전기 스위치가 내려질까 봐 두렵다고 침울하게 고백했단다. 두 배로 껑충 오른 전기세 고민은 신통한 AI라도 비켜갈 수 없나보다. 광고 속 젊은 윤여정은 여러분 저를 더 보고 싶으면 생명보험에 많이 가입해 주세요 하면서 곤혹스러운 미소를 짓는다. 문득 AI와 만나려면 인터넷이 끊어지지 않도록 월급이 계속 나와야 할 텐데, 정리해고 통지를 받을까 봐 오는 봄이 조마조마하다. 얼굴을 가린 누군가 내 등을 AI에게 끝없이 떠민다. 내가 나를 알 수 없이 끝 모를 수렁으로 빠져들어 간다.

# 은박지 담요

대설주의보 흉흉하게 내려진 1월의 끝자락
대통령 관저로 가는 길
차벽으로 꼭 틀어막힌 채
한남동 공관촌 앞 난장에서
수은주 뚝 떨어진 겨울밤을 지킨다
겨레붙이들 차가운 거리에 던진 채
한 사람은 국민의 피같은 세금으로 태우는
벽난로 앞에서 소맥 흔들어 마시며
뜨거운 겨울 밤을 보낸단다
한 모금의 자유가 그리운 사람들
우주 여행 때 방사선과 혹독한 추위를 막아주던
은박지 담요 한 장 걸친 채
검푸르게 얼어드는 겨울 밤
꼬박 새 날이 밝기까지 견딘다
고통도 함께 견디면 달콤해지는 걸까
외투 모양 키세스 초콜릿 아래
기도하듯 겨울밤 꼬박 이겨낸다
때로는 언 손으로 뜨거운 커피 포트를 들고 오고
설거지 미룬 채 밤참으로 수제버거를 만들어 왔다
밤샘하며 납품 기일에 대느라

차벽을 허무는 데 힘 보태지 못하지만
축지법으로 먼거리 이기고 함께 한다며
보낸 따뜻한 스낵카 앞에서
낯선 사람들은 금세 하나가 된다
거리를 넘어 따스한 체온 건네는 사람들에게
남극이라도 된 듯 얼어드는 아스팔트는
결코 적수가 되지 못한다
차가운 총구로는 겨레붙이들을 누르지 못한다
은박지 한 겹으로 얼음의 도가니 거뜬히 이기며
저 혼자 살겠다며 굳게 잠근 빗장
손에 손 잡고 조금씩 열어 간다
제 겨레붙이들 마음에 깊게 칼금을 긋고도
모른 체하는 석열산성 무너질 때까지
한 발짝도 물러서지 않는다
고통은 달게 삼킬수록 단단해지는가
한 점의 체온도 빼앗기지 않도록
따스한 은박지 담요 두른 채
완강한 거짓의 성 향해
서로를 믿으며 한 발짝 한 발짝 나아간다
어깨에 어깨 엮어 거대한 파도를 이룬 사람들
겹겹이 쌓인 차벽 넘어
맨손으로 일그러진 표정의 철조망 걷고
차가운 총구 따뜻한 가슴으로 녹여가며
함께 깨끗한 새벽을 열어젖힌다

완강한 거짓으로 뭉친 사람
마침내 국민 앞에 꿇어앉힌다

# 행진

저물어가는 5월 세종홀에 와서
김문화의 피아노 연주로
베토벤의 장송 행진곡을 듣는다
베토벤이 어두워지는 귀를 다 열어
세상의 모든 소리를 만지며 옮긴
삐툴빼툴 악보 위에 피를 말리듯
베토벤이 새겨 넣은 음표들을
김문화의 피아노 연주로 듣는다
피아노 건반과 하나가 되어
매일 연주를 해나가다 관절에 생긴 염증으로
건반을 누를 때마다 아픔이 묻어나지만
온몸을 다 기울인 김문화의 연주로 듣는
베토벤의 장송 행진곡
죽음은 끝이 아니라
생을 온전히 불태우며 걸어가다
우연히 마주치는 얼굴일 뿐이라고 말해준다
날로 어두워져 가는 귀
베토벤의 마음 속에 펼쳐진
높고 깊은 산맥 같은 교향악을 지울 수 없듯
연습 벌레에게 생긴 손가락 관절염
결코 행진을 멈추게 할 수 없다고 말해준다

## 키오스크


이것 앞에만 서면
마음의 키가 한없이 작아진다
두툼한 지갑 따위 버리고
잘 눌리는 집게손가락만 있으면 된다는데
두툼한 책장들 넘기며 쌓은 지식
모래성 허물어지듯 사라지고
모든 것에 캄캄한 아이가 되고 만다

누가 하나 거들어 주는 사람 없이
아메리카노, 에스프레소, 브랜드 커피, 믹스 커피,
달달한 맛, 무설탕…
사진 아래 깨알같이 박인 글씨들
무서워서 누를 수가 없다
돈은 어떻게 내는지 오리무중
자칫 멈칫거리면
뒤로 길게 늘어선 사람들에게 미안해
얼굴이 빨개져 주문을 포기한 채
키오스크에서 물러선 적이 한두 번이 아니다

겨우 손가락 하나와

카드 한 장으로 커피 한 잔 주문하는 데
겨우 이골이 날 즈음
흘깃 좁아진 주방을 보니
엊그제까지 물 튀기며 바삐 뛰어다니던
알바 청년들이 둘이나 보이지 않는다
번거로움은 손님에게 떠넘긴 채
탁자와 의자는 늘어나고
사람이 설 자리 속속 줄여 나가고 있다

손님이 즐겨 찾으시는 메뉴입니다
키오스크 앞에 서자
내 얼굴을 알아본 AI 여자가
커피류 몇 가지와 스낵을 보여준다
AI가 조작하는 키오스크에 길들여져 가는 동안
일터로 돌아와 보니
나도 모르는 사이에 책상과 의자가 사라졌다

기계가 들어설 자리 날로 넓혀지고
사람이 설 자리
슬그머니 사라진 자리
소리 죽인 아픔이 영구문신으로 배어 있다

## 절대 신뢰


신수동 출판연구소 가는 길에
조폐공사 마포 지점 앞을 지나는데
유리벽을 꽉 채우듯 나붙은 슬로건
'절대 신뢰 골드바' 문구
시선을 사로잡은 채 놔주지 않는다
한 돈짜리 결혼반지도 지키지 못한
교정쟁이에게 신뢰는 그림의 떡인가
뜨거운 말 앞에 걸음이 옮겨지지 않는다
유리벽 너머 잡화처럼 널려 있는
골드바를 뒤로한 채
조폐공사 옆 개업한 지 몇 달 안 되는
주꾸미집이 불황을 견디지 못하고 폐업했는지
아침부터 철거하느라 먼지로 자욱하다
무릎 관절이 망가지도록 일해도
액면가 날로 떨어지는 사람들 멀리한 채
골드바 사재기하기 위해 만든 줄
더 길게 늘어난단다
절대 신뢰를 깔고 앉은 골드바 아래
한없이 납작해진 사람의 가치
복원하는 마술 어디에도 없다

## 죽도록 즐기기

혈관을 걸쭉하게 막는 당분을 녹일 겸
가까운 산으로 발길을 옮기려는데
곧 저녁인데 어디 가려구
아내의 귀띔에 묶던 등산화 끈을 다시 푼다
저녁 식사를 마치면 바로 시작하는
주말극 미녀와 순정남을 놓칠 거냐는 물음이다

한참 잘 나가던 일급배우 박도라
바람기 많은 재벌의 제안을 뿌리치다가
스캔들의 과녁이 되어
천당과 지옥을 오가는 스토리에
깊게 베인 가슴
좀처럼 아물지 않아 TV 앞으로 돌아간다

9시 넘어 밤이 이슥해지면
종편 TVN으로 채널을 돌리자마자
대치동 학원가에서 만난 선생과 제자
숨 막히는 멜로를 담은 드라마 졸업이
다시 눈을 떼지 못하게 한다

지지부진 진도가 나가지 않는 애정전선이 답답해
다시 엠비씨로 채널을 돌리니
바람난 마마보이 의사 아들을 찾아 헤매는 어머니와
정신과 의사인 아내의 숨바꼭질을 담은
주말극 〈우리, 집〉 음습한 분위기에
금세 다시 사로잡힌다
오랫만에 나온 김희선과 이혜영
대형 탤런트들의 무게
티뷔 앞을 벗어나지 못하도록 붙든다

심야가 되어 채널을 돌리다 보면
일일연속극 수지 맞은 우리가 재방송되고
심수봉이 끝내 잊지 못한 그때 그 사람이
나훈아라는 말에 잠이 달아난 눈
충혈되어서 가라앉지 않는다

죽도록 채널을 돌려도
25시 넘어 마르지 않는 쾌락의 샘…

끝 모를 깊이에서 헤어 나오지 못하는 동안
김여사는 선물받은 명품백을 둔 곳 침묵한 채
에코백을 덜렁 들고 타지키스탄행 비행기를 타고
포항 앞바다에서는 난데없는 대왕고래가 나타나
울릉도로 향하는 여객선 뱃길을 지워버린다

꼼짝없이 티뷔 앞을 지킨 무릎에
눅진하게 설탕이 고여
피가 흐르지 않는 탓인지 일어설 수가 없다

## 손 흔드는 마네킹


안양역으로 가는 출근길 서두르다가
아파트 상가 보조 의료기 제작소 앞을 지난다
꿀허벅지 듬직하게 드러내고
근육질 팔 안을 듯 들어 올린 마네킹들
금방이라도 튀어나올 듯 창가에 서 있다

보이지 않게 옷자락 잡아끄는
마네킹들과 눈 마주치면
서두르던 발걸음도 잠시 멈춘다
알록달록한 소매로 의수를 감춘
아바타들 앞에 서면
약삭빠르게 달아나는 마우스를 잡느라
비좁은 책상 위만 이리저리 움직이느라
굳어 있던 팔 근육도 덩달아 풀린다

따스한 체온은 굳이 사람이 아니라도
마네킹도 얼마든지 옮겨줄 수 있는가 보다
좀 쉬어가라고
창밖 파란 하늘 한번 보라고
유리창 건너 마네킹이 귀띔해 준다

컴퓨터 칩을 머리에 심은 AI
팔이 떨어져 나가도
심지어 뇌가 망가져도
달걀을 깨뜨리지 않고 요리하고
바둑 챔피언이 되고 소설가가 되고
의족으로도 마라톤 풀코스 달릴 수 있다고
걱정하지 말라며 손 내민다

변변한 인사 한마디 없이
출근길 특급전철 시간에 가기 바쁘고
안전문에 끼인 청년 외마디에도
눈 한번 깜박이지 않다가도
스마트폰에 뜬 선거철 급등주 앞에서는
두 눈을 크게 뜨는 사람들로 북적이는
만원인 전철 안
열대 속 냉대림이지만
한대 속 온대도 있다고 일러준다

어린것들에게 내일을 열어주기 위해 달리다
가구공장 프레스에 눌려
뭉툭하게 잘린 팔 걱정하지 말라며
수은주 뚝 떨어진 아침에도
창 너머 의수로 번듯한 옷 걸친

마네킹 따뜻하게 손을 흔든다

시간에 쫓기지 말고
천천히 너의 길을 가라고
마네킹이 의수를 번쩍 들어
찬 공기 걷어낸 자리
반가운 미소로 채운다

## 구직 외출

산수유 이어 개나리 활짝 개화한 4월
꽃구경이나 할까 하고 버스를 잡아탔다
옆자리에 말쑥하게 차려입은 중년 여성이 앉았길래
함께 안양 병목안으로 꽃구경 가나 보다 했더니
지인과 통화하는 소리가 들려
어쩔 수 없이 귀에 담았다

나 안양 고용노동청에 구직 서류 내러 가는 길이야
일자리가 생겨야 할 텐데 걱정이네

병목안에 지천으로 어우러졌다는
산수유며 진달래를 보러 가는 길
왠지 미안하다
치솟는 물가며 아이들 학원비 대려면
다만 얼마라도 벌지 않으면 안 되는 사람들
이렇게 우리 곁에 있구나 하는 생각에
안양역 즈음에서 버스를 내린다

겨울로 돌아간 듯 꽃샘바람이 멱살을 쥔다

## 피카디리 극장전

가을장마 질금거리는 저녁
출출해진 속 덥히려 피맛골에 들렀지만
낮은 처마 서로 기대고 있던 술청들
흔적도 없이 사라지고
키 머쓱한 빌딩들만 비쭉비쭉 솟아 있다
으슥하게 들어선 모텔들
급전 융통해 주는 전당포
간판 없는 환전소 들…
얼굴 반쯤 가린 채
골목 곳곳에 숨어 있다

피맛골 끝을 만졌나 싶었더니
옛 피카디리 극장 앞이다
로마의 휴일의 오드리 헵번
이유 없는 반항아 제임스 딘을 보기 위해
긴 줄 이루던 연인들 사라지고
극장 터 누른 채
귀금속 상가만 으리으리하다

극장은 사라지고 덜렁 남은 스타 광장

신성일, 엄앵란, 윤정희, 안성기…
왕년의 배우들 핸드 프린팅 동판들
가을비에 어깨가 젖고 있다

얼마나 많이 밟았는지
구리판에 박힌 배우들의 손바닥
뭉개지다 못해 바스러져 가고 있다
귀금속 상가로 가며 밟을 때마다
낡은 필름 속 배우들이
온몸으로 으스러질 듯 어깨로 받치고 있다
이름 값을 한다는 건
소리 없이 아픔을 참는 거라고
획이 망가진 사인들이 말해준다

아직 다 눈에 담지 못한
장면들 남아 있다며
툭툭 끊어진 낡은 필름을 잇는다
피맛골 삼키며 들어선
키 머쓱한 호텔 뒤
알박기하듯 박혀 있는
마지막 선술집 문 밀고 들어가
찬비를 긋는다

## 전지

달력 한 장만 달랑 남겨둔 채
겨울 값 하느라고 수은주 뚝 떨어진 날
바겐세일 플래카드 펄럭이는 대형 마트
온도만 쑥쑥 올라가고 있다
겨울밤에도 멀리서 보이도록
반짝이는 도시 속 등대
성탄 트리 전등을 거는
정원사들만 진땀 흘리고 있다

전기톱으로 웃자란 소나무 가지들을 자르고
서리 내리도록 어린 것들 감싸고 있는
모과나무 잎들 단발머리 자르듯
가지런히 다듬는 걸 보면
왠지 살점이 잘려 나간 듯 아프다

봄에서 여름 내내
손바닥을 펼친 듯 무성한 잎 내어
내리쬐는 뙤약볕 막아주고
온 힘을 다해 번쩍 어깨 들듯
피워 올린 초록 잎 피운 나무들

바라보는 것만으로도 지친 눈 맑아졌다

그 고마움 금세 잊고
온 힘을 자아내 올린 가지들에
전기톱을 들이대어 자르고
파르라니 머리 깎은 정원수들
올겨울 혹한은 맨몸으로 견뎌야 할 것 같다

바겐세일에 맞추어 몰려드는 쇼핑객들
반짝이 등 켜 든 채 맞는 나무들
보이지 않게 흐느끼는 소리
때 이른 성탄 노래에 묻혀 들리지 않는다

## 한밤중 단거리 선수

찍은날  2025년 4월 20일
펴낸날  2025년 4월 25일
지은이  박몽구
펴낸이  박몽구
펴낸곳  도서출판 시와문화
주  소  13955 경기 안양시 동안구 경수대로883번길 33,
        103동 204호(비산동, 꿈에그린아파트)
전  화  (031)452-4992
E-mail  poetpak@naver.com
등록번호  제2007-000005호(2007년 2월 13일)
ISBN  979-11-93954-04-1(03810)


정  가  12,000원


*이 프로젝트는 서울특별시, 서울문화재단의 지원을 받아 제작되었습니다.